s y o u b o u g e n z o u
g y o u b u t s u i i g i

正法眼蔵

行仏威儀を味わう

Uchiyama Kosyou

内山興正

大法輪閣

目次

装丁…清水良洋（Malp Design）

正法眼蔵 行仏威儀

原文

正法眼蔵　行仏威儀《ぎょうぶついいぎ》

諸仏かならず威儀《いいぎ》を行足《ぎょうそく》す、これ行仏《ぎょうぶつ》なり。行仏それ報仏にあらず、化仏《けぶつ》にあらず、自性身仏《じしょうしんぶつ》にあらず、他性身仏《たしょうしんぶつ》にあらず、始覚本覚《しかくほんがく》にあらず、性覚《しょうかく》無覚にあらず、如是等仏《にょぜとうぶつ》たえて行仏に斉肩《せいけん》することうべからず。しるべし、諸仏の仏道にある、覚をまたざるなり。仏向上の道《どう》に行《あん》履《り》を通達《つうだつ》せること、唯《ただ》行仏のみなり。自性仏等、夢也未見在《むやみけんざい》なるところなり。

この行仏は、頭頭《ずず》に威儀現成《げんじょう》するゆゑに、身前に威儀現成す、道前に化機漏泄《けきろぜつ》すること、亙時《ごうじ》なり亙方《ごうほう》なり、亙仏なり亙行なり。行仏にあらざれば、仏縛法縛《ぶつばくほうばく》いまだ解脱せず、仏魔法魔に党類《とうるい》せらるるなり。

仏縛といふは、菩提を菩提と知見解会《ちけんげえ》する、即知見即解会に即縛《そくばく》せられぬるなり。一念を経歴《きょうりゃく》するに、なほいまだ解脱の期《ご》を期せず、いたづらに錯解《しゃくげ》す。菩提をすなはち菩提なりと見解《けんげ》せん、これ菩提相応の知見なるべし、たれかこれを邪見といはん。想憶す、これすなはち無縄自《むじょうじ》縛《ばく》なり。縛縛綿綿《ばくばくめんめん》として、樹倒藤枯《じゅとうとうこ》にあらず、いたづらに仏辺《ぶっぺん》の窠窟《かくつ》に活計《かっけい》せるのみなり。法身《ほっしん》のやまふをしらず、報身《ほうじん》の窮《きゅう》をしらず。

教家《きょうけ》経師《きょうじ》論師《ろんじ》等の仏道を遠聞《おんもん》せる、なほしいはく、即於《テ》二法性《ニ》一、起《ス》二法性《ノ》見《ヲ》一、即《チ》是《レ》無明《ナリ》。この教家のいはくは、法性に法性の見《けん》おこるに、法性の縛をいはず、さらに無明の縛をかさぬ。法性の縛あることをしらず、あはれむべしといへども、無明縛のかさなれるをしれるは、発菩提心《ほつぼだいしん》の種子《しゅうじ》となりぬべし。いま行仏かつてかくのごとくの縛に縛せられざるなり。

かるがゆゑに我本行《ジ》二菩薩道《ヲ》一、所《ノ》レ成《ズル》寿命、今猶未《ダ》レ尽《キ》、復倍《セリ》二上数《じょうしゅ》ニ一なり。しるべし、菩薩の寿命いまに連綿とあるにあらず、仏寿命の過去に布徧《ふへん》せるにあらず。いまいふ上数は、全所成なり、いひきたる今猶《こんゆう》は全寿命なり。我本行《がほんぎょう》、たとひ万里一条鉄なりとも、百年抛却任縦横《ひゃくねんほうきゃくにんじゅうおう》なり。

しかあればすなはち、修証《しゅしょう》は無にあらず、修証は有《う》にあらず、修証は染汚《ぜんな》にあらず。無仏無人の処在に百千万ありといへども、行仏を染汚せず。ゆゑに行仏の修証に染汚せられざるなり。修証の不染汚なるにはあらず、この不染汚、それ不無なり。

曹谿《そうけい》いはく、祇《ただ》此不染汚、是諸仏之所《ナリ》二護念《スル》一、汝亦如是、吾亦如是、乃至《ないし》西天諸祖亦如是。

しかあればすなはち、汝亦如是《にょやくにょぜ》のゆゑに諸仏なり、吾亦如是《ごやくにょぜ》のゆゑに諸仏なり。まことにわれにあらず、なんぢにあらず。この不染汚に、如吾是吾、諸仏所護念、これ行仏威儀なり。如汝是汝《にょにょぜにょ》、諸仏所護念、これ行仏威儀なり。吾亦のゆゑに師勝なり、汝亦のゆゑに資強《しごう》なり、師勝資強、これ行仏の明行足《みょうぎょうそく》なり。しるべし、是諸仏之《し》所護念と、吾亦なり、汝亦なり。曹谿古仏の道得、たとひわれにあらずとも、なんぢにあらざらんや。行仏之所護念、行仏之所通達、それかくのごとし。

かるがゆゑにしりぬ、修証は性相本末等《しょうそうほんまつ》にあらず。行仏の去就《きょしゅう》、これ果然《かねん》として仏を行ぜしむるに、仏すなはち行ぜしむ。ここに為法捨身《いほうしゃしん》あり、為身捨法あり、不惜身命《ふしゃくしんみょう》あり、但惜身命《たんしゃくしんみょう》あり。法のために法をすつるのみにあらず、心のために法をすつる威儀あり。捨は無量なること、わするべからず。仏量を拈来《ねんらい》して、大道を測量《しきりょう》し度量《たくりょう》すべからず。仏量は一隅なり、たとへば華開《けかい》のごとし。心量を挙来《こらい》して威儀を摸索すべからず、擬議すべからず。心量は一面なり、たとへば世界のごとし。一《いっ》茎草量《きょうそうりょう》、あきらかに仏祖心量なり。これ行仏の蹤跡《しょうせき》を認ぜる一片なり。一心量たとひ無量仏量を包含せりと見徹すとも、行仏の容止動静《ようしどうじょう》を量ぜんと擬するには、もとより過量の面目あり。過量の行履《あんり》なるがゆゑに、即不中なり、使不得なり、量不及《りょうふぎゅう》なり。

しばらく行仏威儀に一究あり。即仏即自と恁麼来《いんもらい》せるに、吾亦汝亦《ごやくにょやく》の威儀、それ唯我能《ゆいがのう》にかかはれりといふとも、すなはち十方仏然の脱落、これ同条のみにあらず。

かるがゆゑに古仏いはく、体ニ取シ那辺ノ事ヲ一、却ニ来《きゃらい》シテ這裏《しゃり》ニ一行履ス。

すでに恁麼保任《いんもほうにん》するに、諸法、諸身、諸行、諸仏、これ親切なり。この行法身仏、おのおの承当《じょうとう》に罣礙《けいげ》あるのみなり、承当に罣礙あるがゆゑに、承当に脱落あるのみなり。眼礙《げんげ》の明明百草頭《めいめいひゃくそうとう》なる、不見一法、不見一物と動著することなかれ。這法《しゃほう》に若至《にゃくし》なり、那法《なほう》に若至なり。拈来《ねんらい》拈去《ねんこ》出入同門に行履する、徧界不曾蔵《へんがいふぞうぞう》なるがゆゑに、世尊の密語密証密行密付等あるなり。

出レ門便是草《しゅつもんべんぜそう》、入レ門便是草、万里無寸草《ばんりむすんそう》なり。入之一字《にゅうしいちじ》、出之一字《しゅっしいちじ》、這頭也不用得《しゃとうやふようとく》、那頭也不用得《なとうやふようとく》なり。いまの把捉《はそく》は、放行《ほうぎょう》をまたざれども、これ夢幻空華《むげんくうげ》なり。たれかこれを夢幻空華と将錯就錯《しょうしゃくじゅしゃく》せん。進歩也錯、退歩也錯、一歩也錯、両歩也錯なるがゆゑに錯錯なり、天地懸隔《けんきゃく》するがゆゑに、至道無難《しいどうぶなん》なり。威儀儀威、大道体寛と究竟《くきょう》すべし。

しるべし、出生合道出《しゅっしょうごうどうしゅつ》なり、入死合道入なり。その頭正尾正《ずしんびしん》に、玉《ぎょく》転珠廻《てんしゅかい》の威儀現前するなり。仏威儀の一隅を遣有《けんう》するは、尽乾坤大地《じんけんこんだいち》なり、尽生死去来《じんしょうじこらい》なり、塵刹《じんせつ》なり、蓮華なり、これ塵刹蓮華おのおの一隅なり。学人おほくおもはく、尽乾坤といふは、この南瞻部洲《なんせんぶしゅう》をいふならんと擬せられ、又この一四洲をいふならんと擬せられ、ただまた神丹《しんたん》一国おもひにかかり、日本一国おもひにめぐるがごとし。又、尽大地といふも、ただ三千大千世界とおもふがごとし、わづかに一州一県をおもひにかくるがごとし。尽大地尽乾坤の言句《ごんく》を参学せんこと、三次五次もおもひめぐらすべし、ひろきにこそはとてやみぬることなかれ。この得道は、極大同小《ごくだいどうしょう》、極小同大の超仏越祖《ちょうぶつおっそ》なるなり。大の有にあらざる、小の有にあらざる、疑著ににたりといへども、威儀行仏なり。仏仏祖祖の道取する、尽乾坤の威儀、尽大地の威儀、ともに不曾蔵《ふぞうぞう》を徧界と参学すべし。徧界不曾蔵なるのみにはあらざるなり、これ行仏一中の威儀なり。

仏道を説著するに、胎生化生《たいしょうけしょう》等は、仏道の行履なりといへども、いまだ湿生卵生《しっしょうらんしょう》等を道取せず。いはんやこの胎卵湿化生のほかに、なほ生あること、夢也未見在《むやみけんざい》なり。いかにいはんや胎卵湿化生のほかに、胎卵湿化生あることを見聞覚知せんや。いま仏仏祖祖の大道には、胎卵湿化生のほかの胎卵湿化生あること、不曾蔵に正伝《しょうでん》せり。親密に正伝せり。この道得《どうとく》、きかず、ならはず、しらず、あきらめざらんは、なにの党類なりとかせん。すでに四生《ししょう》はきくところなり、死はいくばくかある。四生には四死あるべきか、又、三死二死あるべきか、又、五死六死、千死万死あるべきか。この道理、わづかに疑著せんも参学の分なり。

しばらく功夫すべし、この四生衆類のなかに、生はありて死なきものあるべしや。又、死のみ単伝にして、生を単伝せざるありや。単生単死の類の有無、かならず参学すべし。わづかに無生の言句をききてあきらむることなく、身心の功夫をさしおくがごとくするものあり。これ愚鈍のはなはだしきなり。信法頓漸《しんぼうとんぜん》の論にもおよばざる畜類といひぬべし。ゆゑいかんとなれば、たとひ無生ときくといふとも、この道得の意旨作《そ》麼生《もさん》なるべし。さらに無仏無道無心無滅なるべしや、無無生なるべしや、無法界無法性なるべしや、無死なるべしやと功夫せず、いたづらに水草の但念《たんねん》なるがゆゑなり。

しるべし、生死《しょうじ》は仏道の行履《あんり》なり、生死は仏家《ぶっけ》の調度なり。使也要使《しやようし》なり、明也明得《みょうやみょうとく》なり。ゆゑに諸仏はこの通塞《つうそく》に明明《めいめい》なり、この要使に得得《とくとく》なり。この生死の際にくらからん、たれかなんぢをなんぢといはん、たれかなんぢを了生達死《りょうしょうたっし》の漢といはん。生死にしづめりときくべからず、生死にありとしるべからず、生死を生死なりと信受すべからず、不《ふ》会《え》すべからず、不知すべからず。

あるひはいふ、ただ人道《にんどう》のみに諸仏出世す、さらに余方余道には出現せずとおもへり。いふがごとくならば、仏在のところ、みな人道なるべきか。これは人仏の唯我独尊《ゆいがどくそん》の道得なり。さらに天仏もあるべし、仏仏もあるべきなり。諸仏は唯《ただ》人間のみに出現すといはんは、仏祖の閫奥《こんおう》にいらざるなり。

祖宗いはく、釈迦牟尼仏、自下従リテ二迦葉仏ノ所一ニ伝ヘテ中正法ヲ上、往キテ二兜率天《とそつてん》一ニ、化シ二兜率陀天一ヲ、于レ今ニ有在ス。

まことにしるべし、人間の釈迦は、このとき滅度現の化《け》をしけりといへども、上天の釈迦は、于今有在《うこんうざい》にして、化天《けてん》するものなり。学人しるべし、人間の釈迦の千変万化の道著あり、行取あり、説著あるは、人間一隅の放光現瑞なり。おろかに上天の釈迦、その化さらに千品《せんぼん》万門ならん、しらざるべからず。仏仏正伝する大道の、断絶を超越《ちょうおつ》し、無始無終を脱落せる宗旨、ひとり仏道のみに正伝せり。自余の諸類、しらずきかざる功徳なり。行仏の設化するところには、四生にあらざる衆生あり、天上人間法界等にあらざるところあるべし。行仏の威儀を覰見《しょけん》せんとき、天上人間のまなこをもちゐることなかれ、天上人間の情量をもちゐるべからず、これを挙《こ》して測量《しきりょう》せんと擬することなかれ。十聖三賢なほこれをしらずあきらめず、いはんや人中《にんちゅう》天上の測量のおよぶことあらんや。人量短小なるには、識智も短小なり、寿命短促なるには、思慮も短促なり。いかにしてか行仏の威儀を測量せん。

しかあればすなはち、ただ人間を挙《こ》して仏法とし、人法を挙して仏法を局量《きょくりょう》せる家門、かれこれともに仏子と許可することなかれ。これただ業報《ごっぽう》の衆生なり。いまだ身心の聞法あるにあらず、いまだ行道せる身心なし。従法生にあらず、従法滅にあらず、従法見にあらず、従法聞《もん》にあらず、従法行住坐臥にあらず。かくのごとくの党類、かつて法の潤益《じゅんやく》なし。行仏は本覚を愛せず、始覚を愛せず、無覚にあらず、有覚にあらずといふ、すなはちこの道理なり。

いま凡夫の活計《かっけい》する、有念無念、有覚無覚、始覚本覚等、ひとへに凡夫の活計なり、仏仏相承《そうじょう》せるところにあらず。凡夫の有念と諸仏の有念と、はるかにことなり、比擬《ひぎ》することなかれ。凡夫の本覚と活計すると、諸仏の本覚と証せると、天地懸隔《てんちけんきゃく》なり、比論の所及《しょぎゅう》にあらず。十聖三賢の活計、なほ諸仏の道《どう》におよばず。いたづらなる算沙《さんしゃ》の凡夫、いかでかはかることあらん。しかあるを、わづかに凡夫外道の本末の邪見を活計して、諸仏の境界《きょうがい》とおもへるやからおほし。諸仏いはく、此輩罪根深《しはいざいこんじん》重《じゅう》なり、可憐愍者《かれんみんしゃ》なり。深重の罪根たとひ無端なりとも、此輩の深重《じんじゅう》担《たん》なり。この深重担、しばらく放行《ほうぎょう》して著眼看《ちゃくがんかん》すべし。把定《はじょう》して自己を礙《げ》すといふとも、起首にあらず。

いま行仏威儀の無礙《むげ》なる、ほとけに礙せらるるに、拕泥滞水《たでいたいすい》の活路を通達しきたるゆゑに無罣礙《むけいげ》なり。上天にしては化天《けてん》す、人間にしては化《け》人《にん》す。華開《けかい》の功徳あり、世界起の功徳あり、かつて間隙《けんきゃく》なきものなり。このゆゑに自他に迥脱《けいだつ》あり、往来に独抜《どくばつ》あり。即往兜率天なり、即来兜率天なり、即即兜率天なり。即往安楽なり、即来安楽なり、即即安楽なり。即迥脱兜率なり、即迥脱安楽なり。即打破《そくたは》百雑砕《ひゃくざっすい》安楽《あんらく》兜率《とそつ》なり、即把定放行《そくはじょうほうぎょう》安楽兜率なり、一口呑尽《いっくどんじん》なり。

しるべし、安楽兜率といふは、浄土天堂、ともに輪廻することの同般なるとなり。行履《あんり》なれば、浄土天堂おなじく行履なり。大悟なれば、おなじく大悟なり。大迷なれば、おなじく大迷なり。これしばらく行仏の鞋裏《あいり》の動指なり。あるときは、一道の放屁声《ほうひせい》なり、放屎香《ほうしこう》なり。鼻孔《びくう》あるは齅得《きゅうとく》す、耳処《にしょ》身処行履処《あんりしょ》あるに聴取するなり。また得吾皮肉骨髄するときあり、さらに行得《ぎょうとく》に他よりえざるものなり。

了生達死《りょうしょうたっし》の大道すでに豁達《かったつ》するに、ふるくよりの道取あり、大聖《だいしょう》は生死を心にまかす、生死を身にまかす、生死を道にまかす、生死を生死にまかす。この宗旨あらはるる、古今のときにあらずといへども、行仏の威儀、忽爾《こつじ》として行尽《ぎょうじん》するなり、道環として生死身心の宗旨すみやかに弁肯《べんこう》するなり。行尽明尽《みょうじん》、これ強為《ごうい》の為《い》にあらず、迷頭認影《めいとうにんよう》に大《だい》似《じ》なり、廻光返照《えこうへんしょう》に一如なり。その明上又明《みょうじょうゆうみょう》の明《みょう》は、行仏に弥綸《みりん》なり、これ行取に一任せり。この任任の道理、すべからく心を参究すべきなり。その参究の兀爾《ごつじ》は、万回《ばんかい》これ心の明白なり、三界ただ心の大隔《だいかく》なりと知《ち》及《ぎゅう》し会取《えしゅ》す。この知及会取、さらに万法なりといへども、自己の家郷を行取せり、当人の活計を便是《べんぜ》なり。

しかあれば句中取則し、言外求巧《ごんげぐこう》する、再三撈摝《ろうろく》、それ把定《はじょう》にあまれる把定あり、放行《ほうぎょう》にあまれる放行あり。その功夫は、いかなるかこれ生、いかなるかこれ死、いかなるかこれ身心、いかなるかこれ与奪《よだつ》、いかなるかこれ任違《にんい》。それ同門出入の不相逢なるか、一著落在《いちじゃくらくざい》に蔵身露角《ぞうしんろかく》なるか、大慮而解《だいりょにげ》なるか、老思而知《ろうしにち》なるか、一顆明珠《いっかみょうじゅ》なるか、一大蔵教なるか、一条拄杖《しゅじょう》なるか、一枚面目なるか、三十年後なるか、一念万年なるか。子細に撿点し、撿点を子細にすべし。撿点の子細にあたりて、満眼聞声《まんげんもんしょう》 満耳見色《まんにけんしき》、さらに沙門一隻眼《いっせきげん》の開明なるに、不是目前法なり、不是目前事なり。雍容《ようよう》の破顔あり、瞬目あり、これ行仏の威儀の暫爾《ざんじ》なり。被物牽《ひもつけん》にあらず、不牽物《ふけんもつ》なり。縁起の無生無作《むしょうむさ》にあらず、本性法性にあらず、住法位にあらず、本有然《ほんぬぜん》にあらず。如是を是するのみにあらず、ただ威儀行仏なるのみなり。

しかあればすなはち、為法為身の消息、よく心《しん》にまかす。脱生脱死《だっしょうだっし》の威儀、しばらくほとけに一任せり。ゆゑに道取あり、万法唯心、三界唯心。さらに向上に道得するに、唯心の道得あり、いはゆる牆壁瓦礫《しょうへきがりゃく》なり。唯心にあらざるがゆゑに、牆壁瓦礫にあらず。これ行仏の威儀なる、任心任法、為法為身の道理なり。さらに始覚本覚等の所及にあらず、いはんや外道二乗三賢十聖の所及ならんや。この威儀、ただこれ面面の不会《ふえ》なり、枚枚の不会なり。たとひ活鱍鱍地《かっぱつぱっち》も、条条聻《にい》なり。一条鉄か、両頭動か。一条鉄は長短にあらず、両頭動は自他にあらず。この展事投《てんじとう》機《き》のちから、功夫をうるに、威掩万法《いえんばんぽう》なり、眼高一世なり。収放をさへざる光明あり、僧堂仏殿厨庫三門《そうどうぶつでんずくさんもん》。さらに収放にあらざる光明あり、僧堂仏殿厨庫三門なり。さらに十方通のまなこあり、大地全収のまなこあり。心のまへあり、心のうしろあり。かくのごとくの眼耳鼻舌身意、光明功徳の熾然《しねん》なるゆゑに、不知有を保任せる三世諸仏あり、却知有《きゃくちう》を投機せる狸奴白牯《りぬびゃっこ》あり。この巴鼻《はび》あり、この眼睛《がんぜい》あるは、法の行仏をとき、法の行仏をゆるすなり。

雪峰山真覚大師、示衆云《ニク》、三世諸仏、在《リテ》二火焔裏《ニ》一転《ズ》二大法輪《ヲ》一。

玄沙院宗一大師曰《ク》、火焔為《ニ》二三世諸仏《ノ》一説法《ス》、三世諸仏立地《シテ》聴《ク》。

圜悟《えんご》禅師曰《ク》、将《まさニ》謂《おもへり》猴白《こうはくト》、更《ニ》有《リ》二猴黒一。互換投機、神出鬼没。烈焔《れつえん》亙《ごう》天《てんハ》仏説《ク》レ法《ヲ》、亙天烈焔法《ハ》説《ク》レ仏《ヲ》。風前《ニ》剪断《せんだんス》葛藤窠《かっとうか》、一言《ニ》勘破《ス》維摩詰《ゆいまきつ》。

いま三世諸仏といふは、一切諸仏なり。行仏はすなはち三世諸仏なり、十方諸仏、ともに三世にあらざるなし。仏道は三世をとくに、かくのごとく説尽するなり。いま行仏をたづぬるに、すなはち三世諸仏なり。たとひ知有《ちう》なりといへども、たとひ不知有なりといへども、かならず三世諸仏なる行仏なり。

しかあるに、三位の古仏、おなじく三世諸仏を道得するに、かくのごとくの道《どう》あり。しばらく雪峰のいふ三世諸仏、在火焔裏、転大法輪といふ、この道理ならふべし。三世諸仏の転法輪の道場は、かならず火焔裏なるべし。火焔裏かならず仏道場なるべし。経師論師きくべからず、外道二乗しるべからず。しるべし、諸仏の火焔は諸類の火焔なるべからず。又、諸類は火焔あるかなきかとも照顧すべし。三世諸仏の在火焔裏の化儀《けぎ》、ならふべし。火焔裏に処在するときは、火焔と諸仏と親切なるか、転疎《てんそ》なるか、依正一如《えしょういちにょ》なるか、依報正報《えほうしょうほう》あるか、依正同条なるか、依正同隔なるか。転大法輪は、転自転機あるべし。展事投機なり、転法法転あるべし。すでに転法輪といふ、たとひ尽大地これ尽火焔なりとも、転火輪の法輪あるべし、転諸仏の法輪あるべし、転法輪の法輪あるべし、転三世の法輪あるべし。

しかあればすなはち、火焔は諸仏の転大法輪の大道場なり。これを界量、時量、人量《にんりょう》、凡聖《ぼんしょう》量等をもて測量《しきりょう》するは、あたらざるなり。これらの量に量せられざれば、すなはち三世諸仏、在火焔裏、転大法輪なり。

すでに三世諸仏といふ、これ量を超越《ちょうおつ》せるなり。三世諸仏、転法輪の道場なるがゆゑに、火焔あるなり。火焔あるがゆゑに、諸仏の道場あるなり。

玄沙いはく、火焔の三世諸仏のために説法するに、三世諸仏は立地《りっち》聴法《ちょうぼう》す。この道《どう》をききて、玄沙の道は雪峰の道よりも道得是なりといふ、かならずしもしかあらざるなり。しるべし、雪峰の道は玄沙の道と別なり。いはゆる雪峰は、三世諸仏の転大法輪の処在を道取し、玄沙は、三世諸仏の聴法を道取するなり。雪峰の道、まさしく転法を道取すれども、転法の処在、かならずしも聴法不聴法を論ずるにあらず。しかあれば、転法にかならず聴法あるべしときこえず。又、三世諸仏、為火焔説法といはず、三世諸仏、転大法輪といはず、火焔為火焔、転大法輪といはざる宗旨あるべし。転法輪といひ、転大法輪といふ、その別あるか。転法輪は説法にあらず、説法かならずしも為他あらんや。しかあれば、雪峰の道の、道取すべき道を道取しつくさざる道にあらず。雪峰の在火焔裏《ざいかえんり》、転大法輪、かならず委悉《いしつ》に参学すべし。玄沙の道に混乱することなかれ。雪峰の道を通ずるは、仏威儀を威儀するなり。火焔の三世諸仏を在裏せしむる、一無尽法界二無尽法界の周遍のみにあらず、一微塵二微塵の通達のみにあらず。転大法輪を量として、大小広狭の量に擬することなかれ。転大法輪は、為自為他にあらず、為説為聴にあらず。

　玄沙の道に、火焔為三世諸仏説法、三世諸仏立地聴といふ。これは火焔たとひ為三世諸仏説法すとも、いまだ転法輪すといはず、又三世諸仏の法輪を転ずといはず。三世諸仏は立地聴すとも、三世諸仏の法輪、いかでか火焔これを転ずることあらん。為三世諸仏説法する火焔、又転大法輪すやいなや。玄沙もいまだいはず、転法輪はこのときなりと。転法輪なしといはず。しかあれども、想料すらくは、玄沙おろかに転法輪は説法輪ならんと会取《えしゅ》せるか。もししかあらば、なほ雪峰の道にくらし。火焔の三世諸仏のために説法のとき、三世諸仏立地聴法すとはしれりといへども、火焔転法輪のところに、火焔立地聴法すとしらず。火焔転法輪のところに、火焔同転法輪すといはず。三世諸仏の聴法は、諸仏の法なり、他よりかうぶらしむるにあらず。火焔を法と認ずることなかれ、火焔を仏と認ずることなかれ、火焔を火焔と認ずることなかれ。まことに師資の道なほざりなるべからず。将謂《しょうい》赤鬚胡《しゃくしゅこ》のみならんや、さらにこれ胡鬚赤《こしゅしゃく》なり。

玄沙の道かくのごとくなりといへども、参学の力量とすべきところあり。いはゆる経師論師の大乗小乗の局量の性相《しょうそう》にかかはれず、仏仏祖祖正伝せる性相を参学すべし。いはゆる三世諸仏の聴法なり、これ大小乗の性相にあらざるところなり。諸仏は機縁に逗《とう》ずる説法ありとのみしりて、諸仏聴法すといはず、諸仏修行すといはず、諸仏成仏すといはず。いま玄沙の道には、すでに三世諸仏立地聴法といふ、諸仏聴法する性相あり。かならずしも能説をすぐれたりとし、能聴是法者を劣なりといふことなかれ。説者尊なれば、聴者も尊なり。

釈迦牟尼仏のいはく、若《もシ》説《ケバ》二此《ノ》経《ヲ》一、則《チ》為《ス》レ見《ルト》レ我《ヲ》、為《ニ》二一人《ノ》一説《ク》、是《レ》則《チ》為《ス》レ難《シト》。

しかあれば、能説法は見釈迦牟尼仏なり、則為見我《そくいけんが》は釈迦牟尼仏なるがゆゑに。

又いはく、於《テ》二我《ガ》滅後《ニ》一、聴《キ》二受《シ》此《ノ》経《ヲ》一、問《フハ》二其《ノ》義趣《ヲ》一、是《レ》則《チ》為《ス》レ難《シト》。

しるべし、聴受者もおなじくこれ為難《いなん》なり、勝劣あるにあらず。立地聴これ最尊なる諸仏なりといふとも、立地聴法あるべきなり、立地聴法これ三世諸仏なるがゆゑに。諸仏は果上なり、因中の聴法をいふにあらず、すでに三世諸仏とあるがゆゑに。しるべし、三世諸仏は火焔の説法を立地聴して諸仏なり。一道の化儀《けぎ》、たどるべきにあらず。たどらんとするに、箭鋒相拄《せんぽうそうしゅ》せり。火焔は決定《けつじょう》して三世諸仏のために説法す。赤心片片として鉄樹華開世界香なるなり。且道《しゃどう》すらくは、火焔の説法を立地聴しもてゆくに、畢竟《ひっきょう》じて現成箇《こ》什《じゅう》麼《も》。いはゆるは智勝于師なるべし、智等于師なるべし。さらに師資の閫奥《こんおう》に参究して、三世諸仏なるなり。

　圜悟《えんご》いはくの猴白《こうはく》と将謂《しょうい》する、さらに猴黒をさへざる互換の投機、それ神出鬼没なり。これは玄沙と同条出すれども、玄沙に同条入せざる一路もあるべしといへども、火焔の諸仏なるか、諸仏を火焔とせるか。黒《こく》白《びゃく》互換《ごかん》のこころ、玄沙の神鬼に出没すといへども、雲峰の声色《しょうしき》、いまだ黒白の際にのこらず。しかもかくのごとくなりといへども、玄沙に道《どう》是《ぜ》あり、道不是《どうふぜ》あり。雪峰に道拈《どうねん》あり、道放あることをしるべし。

いま圜悟さらに玄沙に同ぜず、雪峰に同ぜざる道あり。いはゆる烈焔《れつえん》亙天《ごうてん》はほとけ法をとくなり、亙天烈焔は法ほとけをとくなり。この道は、眞箇これ晩進の光明なり。たとひ烈焔にくらしといふとも、亙天におほはれば、われその分あり、他《かれ》この分あり。亙天のおほふところ、すでにこれ烈焔なり。這箇《しゃこ》をきらふて用那頭《ようなとう》は作麼生《そもさん》なるのみなり。

よろこぶべし、この皮袋子《ひたいす》、うまれたるところは去聖方遠《こしょうほうおん》なり、いけるいまは去聖時遠なりといへども、亙天の化導なほきこゆるにあへり。いはゆるほとけ法をとくことは、きくところなりといへども、法ほとけをとくことは、いくかさなりの不知をかわづらひこし。

しかあればすなはち、三世の諸仏は三世に法にとかれ、三世の諸法は三世に仏にとかかるるなり。葛藤窠《かっとうか》の風前に剪断《せんだん》する亙天のみあり。一言は、かくるることなく勘破しきたる、維摩詰をも非維摩詰をも。しかあればすなはち、法説仏なり、法行仏なり、法証仏なり、仏説法なり、仏行仏なり、仏作仏《ぶっさぶつ》なり。かくのごとくなる、ともに行仏の威儀なり。亙天亙地、亙古亙今にも、得者不軽微《とくしゃふきょうび》、明者不賤用《みょうしゃふせんゆう》なり。

正法眼蔵行仏威儀

仁治二年辛丑十月中旬、記于観音導利興聖寶林寺、沙門道元

正法眼蔵　行仏威儀を味わう

仏法は口ではいえるものではない
それなのに道元禅師はなぜ大部の正法眼蔵を書かれたか

行仏威儀《ぎょうぶついいぎ》の「威」の字は、威張るとか威厳とか威圧とかの威なので、私はあんまり虫が好かない。女という字を厳重に戈《ほこ》で囲っている象形《かたち》が私の体質に合わないのです。アザラシとかアシカ、オットセイの仲間は交尾期になると、オス同士メスの取り合いで大合戦をする。そして勝ったオスは沢山のメスを領してハーレムを誇るという。同じように昔の中国の王者たちも、沢山の美女を戈で囲って後宮《こうきゅう》をもっていた。負けた人民はさぞかし「いいなあ」と指をくわえて遠くから見ていたに違いない。それをそのまんま文字にしたようなこの「威」という字に私は反発を感じるのです。中学生時代、私が論語を嫌いになった理由も「君子重からざれば威あらず」、重々しくしていないと威厳がつかないというコトバを読んだからだ。どうも人間同士押さえる押さえられるという風景を私は昔から好きではない。

しかしここで道元禅師が行仏威儀といわれているのは、どこまでも仏法の話なのだ。その点、正法眼蔵の一顆明珠《いっかみょうじゅ》、古鏡《こきょう》、山水経《さんすいきょう》の各巻にしても、何も珠の話ではない。ふるかがみの話でも、観光の山水の話でもない。どこまでも仏法の珠、古鏡、山水の話だ。そしたら当然、ここでも

「行」も仏法、「仏」も仏法、「威」も仏法、「儀」も仏法、みんな仏語として教えられているのでなければならない。

大体コトバが人間同士通じ合うのは人間同士の約束事だからだ。約束事である限り、本当は生命の真実でも仏法でもあるはずはない。ところが道元禅師はその「他とのカネアイの相対的コトバ」を「絶対」として使われる。約束事のコトバを使いながら、それを絶対的意味として読み替えられる。要するに世間的なコトバをもって一々仏法の深い意味を教えられる。そして、ちょうど世間の親たちがわが子に「これはワンワン」「これはニャンニャン」「あれはキシャポッポ」と一々コトバを教えるように、道元禅師はわれわれ仏法的赤ちゃんのために、いま世間的なコトバを取り上げながら、一々その仏法的意味を嚙《か》んで含めるように説かれる。それが正法眼蔵の話だ。だから本来、口ではいえないはずの仏法なのに、正法眼蔵のような大部の本が書かれなければならなかったのです。つまり世間的な約束事のコトバをいろいろ取り上げながら、何れもそれらが他とのカネアイでない絶対的意味をもっていることを何度も何度も繰り返すことによって、仏法的眼としての見方をわれわれに滲《し》み通らせていく。――そういうおつもりで道元禅師は正法眼蔵を書かれたのだ。それだからわれわれは仏法的赤ちゃんとして、まず世間ずれした固定概念を手放し、まっさらな素直な気持で正法眼蔵を読み、仏法的コトバになじんでいかなければならない。

そういうつもりでこの巻を読み、「威」の字も味わってみるとどうか。だいたい男の気持としてはもう生理的本能として、いつも女々《おんなおんな》と思っている。これは致し方ない。問題はそれをおおっている戈《ほこ》だ。世間的な戈といったら対他的な武器ですが、仏法として「他とのカネアイを超えた武器」とは何か。それは私がいつもいうアタマ手放しということ以外にない。それが仏法としての絶対的戈だ。

いやここで女々という思いはもっと根本的にいえば、いつもわれわれの心のなかにむしむししている物足りようの思いです。これを裏返していえば、いつも何か物足りないで、ナンダカンダと愚《ぐ》図《ず》りたくなる心だ。そういう女というもので代表されるわがうちの物足りようの思い、愚図りたい思いを、いま戈で囲ってしまう。しかも「他とのカネアイの武器」ではなく、かえってただ「アタマ手放しという絶対的な戈」で囲う。それが仏法としての「威」だ。

その時そこには、自ずから「儀」という形が現われる。儀という字は普通には手本という意味ですが、もし俺はみんなの手本だといったら、これも他とのカネアイになる。そうではなく私自身が、凡夫的思いをいつでも手放し手放しという戈で囲っているとき、そこに自ずから現われる「自己ギリの自己という絶対的形」、つまり「思いが手放された実物の形」「天地一杯実物の深さ」が「儀」だ。

その点、曹洞宗の宗門では「威儀即仏法、作法是《これ》宗旨」というコトバを取り上げて、いかにも重々しく振舞い、信者たちが有難がりそうな身のこなしを訓練することを仏道修行くらいに考えている人が多い。それなら僧堂（雲水の修行道場）は坊主職業訓練所と変わりない。本来の仏法としての仏威儀というのは、決してそんな人を有難がらせたり、感激させたりするような儀式や振舞いではないことを知って、もっと根本的に仏威儀というものを見直さなければならない。

だからこれもまず「仏威儀とは拝みたくなるような有難い姿」という世間的な思い込みをまず捨てて、まっさらな目で見なければならない。凡夫のいう仏威儀と仏法としての仏威儀とは、はるかに違う。

また「行」ということでも、普通は断食したり滝に打たれたりすることぐらいに簡単に思っている。しかし行の根本的定義は大智度論にいわれるように「行ハ名ヅク二身口意ニ一」なのであって、体だ、口（言葉）だ、そして心だ。要するに実際の全身心ひっくるめたものを「行」という。決して単なる動作や観念ごとではない。

昔、京都の安泰寺にいた頃、毎年夏期日課といって二週間くらい、坐禅・提唱・作務《さむ》などのスケジュールを決め参加者をつのってやっていた。ある夏ある日のこと、みんなが外へ出て作務に汗を流しているのに一人だけ部屋に残って本をひろげていた人がいた。ある地方大学の若い先生でしたが、それで私が行って「この夏期日課は大衆一如《だいしゅいちにょ》ということを修行するのだから、作務のときはみんなと一緒に作務に出てくれ」といったのです。そしたら曰《いわ》く「私は外での作務は苦手です。私にとっての作務は本を読むことですから、それをやっているのです」――それで私は怒鳴りつけた。

「何をいうか！　畑に行って『ナスビなれなれ』といってナスビ一つでも生《な》るか。ナスビ一つでも生らせるためには身をもって耕し、苗を植え水も肥《こや》しもやってこそ初めて生るのだ。観念ごとと実際に全身心をもって働くこととは全然違うんだ。本を読む作務なんてコトバ遊びのタワゴトをいうな」。

そしたら先生、しぶしぶと庭へおりて最も簡単な仕事というので、みんなの掃き集めたゴミや落葉を山茶花《さざんか》の下で燃やし始めた。山茶花の葉はその熱気を受けてもう色が変わってしまっている。私はウンザリしたが、見逃すわけにもいかない。それで「見ろ、こんな処で燃やせば山茶花の木が枯れてしまうじゃないか。はっきり目を開いてアタマも体も働かせばこそ働きになるんだ。もっと身も心もいきいきさせて働け！」と一喝した。

行というのは無方向にただ体を動かせばいいというものではない。それなら便所の蛆《うじ》がウゴウゴ蠢《うごめ》いているのと同じだ。それを動詞にしたのが「動く」だけれど、「働く」という限りはそれにニンベンが付いていなければならない。そこには生きた目を開き、人生何をしなければならないのかという方向があるべきだ。だいたい今の時代、地球上の全人類がただウゴウゴ動いているだけじゃないか。本当の人間、本当の人生として、どちらの方向むいて働かなければならないのかと、生きた目をもって進んでいる人はいないのだと思う。

ではどういう方向で働かなければならないのかといったら、全身心をもって生命実物に目を開き、生命実物として働くということだ。それが「行」です。

だから本当はそういう「行」一字だけで意味は完全なのだけれど「生命実物として働く」という点をもっとはっきりさせるために、なお「行仏」という。「行という仏」だ。「ただ生命実物する」という方向で働く「生命実物」だ。

その点、「仏を行ずる」と読んで、仏さんを向こう側において見たらまったく違う。能行の人と所行の事と二つに分けて考えたら、仏法の話ではない。行仏という限り「能」と「所」、「する」と「される」と二つに分かれる以前の生命実物が生命実物するのだ。みんな心配しなくても誰でも生命実物を事実生きている。仏といっても自分に関係ない話ではない。いま事実生きているこの生命実物が仏だもの。ただこの仏を、いつでも思いでくらましているだけだ。だからこの本来の生命力をもって本来の生命実物をいかに生きるか、いかに働くか、これが行仏の狙《ねら》いです。

最近ある雑誌にも取り上げて書いたのですが、どうもこの頃三十前後の人で、まあ大学は出たり出なかったりですが、とにかく世の中に出損なっている若者がふえているのではないか。これは大きな社会問題だと私は思う。そういう若者たちを見ると、たいがい親が裕福で食うのに不自由はしない。ということは本人がそう就職々々といって駆けずり回る必要はないし、わりにおだやかに育っているせいか、そんなに非行に走ることもなく、親にしてもそんな息子を困ったものだとは思いながら家庭内のこととしてそっとしているので、世間的には失業者とか非行少年としての統計的数字には現われない。しかし実際にはかなりの数で、しかもこれから一段とふえていくのは間違いないと思う。

そういう若者たちがどうして出てくるのか。いや私自身じつは三十で坊主になるまではそういう世の中に出損なっている人間だったのでよく分かる気がするのですが、いまの学校では「いい大学へ行け、そして一流会社へつとめろ、そのためにはとにかく勉強しろ」といって、いつもエサをおいて尻を叩いている。ところが親が裕福で、まず一生食わせてもらえるという人間にとっては、そんなエサをおかれてもそう本気になれない。エサで釣って動物に芸を仕込むわけじゃあるまいし、馬鹿にするなという気分だ。あるいはライバルとの競り合いに張り合いをもたせて勉強させようとする。しかしこれも少し頭のいい子なら、闘鶏や闘牛じゃあるまいし、一人前の人間がそんなクダラナイことができるかと、情熱をなくしてシラケて当然だ。

そのシラケ世代が学校時代勉強しなくて通ると、今度世の中へ出る段になってからやっぱり自信がないのでおじけついてしまう。そしてなんということなしにダラダラ世の中へ出損なってしまうのだと思う。

私の場合も出損なってイジイジしていたのですが、三十歳のとき沢木老師のもとで頭を剃ってもらって坐禅するようになってから、本当に初めて水を得た魚のようにいきいきとした。つまり男が本当に自分の一生の方向を決めて歩み出すことは、いまのように世間的なエサをおいたり、ライバルをおいて競り合わせようなどという低い次元でコトが済《す》む話ではないのだ。そんなものではごまかされない、本当の意味で頭のいい連中が、いま世の中に多くなってきているのだと思う。そういう若者をまた、本当にいきいきとさせるためには、どうしても自己自身に働いている本来の生命力に目覚めさせなければ駄目です。要するに自分より外にエサをおいてそれでコトが済む問題ではない。本筋といったら、ただ自己そのものに目覚めさせる。教育というものはまさにそれでなければならない。

ここで行仏というのも、本来すでに自己に働いている天地一杯からの生命力のままに、天地一杯の生命として働くということだ。

どうせ男だったら女々という気持、女だったら男々という気持があるのだし、外へ向かって物足りたいという思い、愚図りたい気分もある。しかしながらソレはソレだ。そういう思いが湧き起こってくるのは頭の分泌物だから仕方がない。大切なのはいまそれをアタマ手放しという戈で囲って、その戈を百千万発しつつ、ただ本来の生命力をもって天地一杯の生命として働くことだ。

そこに自ずから「思いが手放された実物の絶対的形」というものが現成《げんじょう》する。そこに自ずから「天地一杯実物の深さ」が深まっていく。それがまさに行仏威儀にほかならない。

大体いつもわれわれが物足りようの思いだけで生きているということは、いまある自分を否定し、何か向こう側にアテを求めていることなのだから、いまある生命実物からそれだけ宙に浮くということだ。向こう側という、本当はない処に求めているのだからこれを妄想という。そしてその思いに従って動くのは妄動だ。現代は文化文明の進歩した時代というけれど、じつは世界ぐるみすべてをあげて妄想妄動しているだけの時代ではないか。

だけどいま実際に自分自身に立ち返ってみたら、天地一杯からの生命力で生きている。だから狙いとしては、どこまでも物足りようの思いを手放し手放し百千万発の戈で囲って、本来の生命力でいきいき働く、そこに天地一杯実物の深さという行仏威儀が刻々現成していくのだ。

正法眼蔵のご文章もよくよく案ずれば ひとえに興正一人がためなりけり

『諸仏かならず威儀《いいぎ》を行足《ぎょうそく》す、これ行仏《ぎょうぶつ》なり』

私の正法眼蔵の話は昔からのいろいろな注釈書、あるいは現在のいろいろな方面からの解説書の類とは、少し違った処がある。どこが根本的に違うかといえば、昔の人たちもいまの人たちも正法眼蔵を自分とは関わりのない向こう側へおいて、昔の人はあたかも拝観者がうやうやしく拝むような気持で、いまの人は博物館の陳列品をガラスごしに覗《のぞ》きこむような傍観者的態度で読んでいると思う。それに対して私は、道元禅師は私のナマの生き方に何を教えて下さるおつもりなのか、どこまでも「自己をならう」気持で、自己の問題として読んでいる。

ただヘタに「自分のこと」として受け取ると、まったく主観的な見方になる恐れがあるので、そのことに対しては充分警戒しなくてはならない。ところがそれに対して沢木老師が、「一切経はすべて坐禅の脚注である」というすばらしいコトバを残して下さった。これが私の生き方の根本方針を決めているわけです。

というのは、つまり自分が自分を自分する坐禅、その自受用三昧《じじゅゆうざんまい》こそが生命実物だ。その自受用三昧の脚注として一切経もあるのだし正法眼蔵もあるのだということです。いや、これは何もお経や眼蔵だけに限らない。広く宗教というものに対してもそういう目で出会わなければ、本当の宗教としては何の意味もないと私は思う。

親鸞聖人が「弥陀の五劫思惟《ごこうしゆい》の願をよくよく案ずれば、ひとへに親鸞一人《いちにん》がためなりけり」といわれているけれど、私にとっては「正法眼蔵のご文章もよくよく案ずれば、ひとえに興正《こうしょう》一人がためなりけり」というのが実感だ。皆さんも「ただ皆さん自身のために」というつもりで読んでいかなければならない。

そうすると今ここで「諸仏」というのも、最も身近な話、今ここ発心《ほっしん》百千万発してアタマ手放し坐禅する自分のことにほかならない。だから諸仏は必ず諸仏という形をもっている。しかしそれは必ず行が充足して形となるのだということです。

そういうと慌《あわ》てものは、行が不足しているときは不合格で行が充足して初めて合格かと、また合格不合格の話にもっていく。それが違う。事実やることなのだ。われわれがいま坐禅したらそのまま諸仏だ。これはもう合格・不合格あるいは能行・所行のない行です。頭で考えるから二つになってしまう。生命の実物としては坐禅したらそのまま仏であって、坐禅する行とやる人の二つはない。ただそこに天地一杯実物の深さという威儀が現成している。天地一杯実物の深さが充実し充足している。

『行仏それ報仏にあらず、化仏《けぶつ》にあらず、自性身仏《じしょうしんぶつ》にあらず、他性身仏《たしょうしんぶつ》にあらず、始覚本覚《しかくほんがく》にあらず、性覚《しょうかく》無覚にあらず、如是等仏《にょぜとうぶつ》たえて行仏に斉肩《せいけん》することうべからず』

報仏化仏とは法身《ほっしん》・報身《ほうじん》・応身《おうじん》の如来三身のうち、報身の仏（菩薩のときの誓願と修行によって報われている面から名付けた仏）と応化身《おうけしん》の仏（衆生を導くために相手に応じてさまざまな現われ方をしている仏）のこと。

自性身仏とは自受用身《じじゅゆうしん》ともいい、智慧が明らかで常に真理を照らし自《みずか》らそれを楽しむ仏身。他性身仏はさきほどの応化身のこと。

始覚本覚とは、われわれ本来生命実物、覚《さと》りの真只中で生きているというのが本覚、それなのにわれわれわけが分からないまま俺々と執着して迷っている、そこで教えを聞き修行して始めて得る覚りのことを始覚という。

性覚とは生命実物は他のものに依存せず、それ自身明らかであること。無覚とは有覚の対で、一切の知覚分別を離れたものをいう。

つまりいまあげた如是等――報仏・化仏・自性身仏・他性身仏・始覚・本覚・性覚・無覚の仏さんは「行仏に斉肩することうべからず」だ。仏教教学に出てくる仏さんのいろいろな概念・分類は、概念そのものを超えた、概念形成以前のナマの行仏と比べものにはならない。

『しるべし、諸仏の仏道にある、覚をまたざるなり。仏向上の道《どう》に行履《あんり》を通達《つうだつ》せること、唯《ただ》行仏のみなり。自性仏等、夢也未見在《むやみけんざい》なるところなり』

本当に仏が仏になるというときには、覚知、知覚のような概念的まとまりをとってどういうものだという必要はないのだ。概念的まとまりは役に立たない。雲だってそうです。あれは巻雲だ、いや積雲だ、層雲だといろいろいう以前に、雲はただ雲している。どんな覚も「またざる」ところで、悠々と雲の行履を通達している。

「仏向上の道」とは仏さんという概念を超えたいきいきした働きのことで、仏さんの上にもう一つ仏さんがあるわけではない。仏が俺は仏であると知覚する以前に、仏を自由に事実働く――それが「唯行仏のみなり」だ。

だから仏さんを向こう側において概念的に分類してコト足れりと思っているような手前には、行仏の実際はまったく分からないということです。これは自動車運転でもそうだ。自動車の運転の仕方にいくつあるといって、いくら念入りに分類してみてもしようがない。本当に生きた自動車運転というのは、実際に自分がアタマ手放し覚め覚めていきいき運転していく処にだけある。

『この行仏は、頭頭《ずず》に威儀現成《げんじょう》するゆゑに、身前に威儀現成す、道前に化機漏泄《けきろぜつ》すること、亙《ごう》時《じ》なり亙方《ごうほう》なり、亙仏なり亙行なり』

この行仏ということは生命実物をいきいき生命実物していくということだから、頭々刻々、頭々物々に生命実物の深さを現成していくのだ。それは「身前に威儀現成す」で、合掌すれば合掌の威儀が現成し、坐禅すれば即坐禅の威儀が現成する。一称南無仏といったら皆已成仏道《かいいじょうぶつどう》の威儀現成だ。すべて身の形として事実そこに現成している。そしたら「何をか作意し、何をか造作せん」（弁註）だ。「威儀即仏法、作法是宗旨」などといって、ことさら偉そうに重々しく振舞うという作意造作のところに本当の仏威儀があるわけがない。

あるいは「道前に化機漏泄する」で、教化説法する処、聞く人がその場合場合によってよろしきを得ていく。聞く人それぞれにピタッと的を得たものが漏泄（流れ出ること）していく。仏さんはどんな人に出会ってもその対応が的中しているわけです。

そういう威儀現成、化機漏泄の行仏は天地一杯の生命実物運転なのだから、いつでも（亙時）どこでも（亙方）天地一杯生命実物現成、そして十方三世諸仏に行き渡り（亙仏）、いまの行がすべての行をあらしめている（亙行）。

本当に今ここでやることが天地一杯の生命実物として働く限り、天地一杯なのだ。一行が一切行であり、一切行がこの一行でもある。

「われわれのする坐禅は、スターリンも毛沢東もトルーマンもいだいて坐禅する」。

こう沢木老師がいつもいわれていましたが、坐禅も今ここで天地一杯一切ぐるみとして坐るわけです。

あるいは念仏一つでも同じことです。融通念仏宗を開いた聖応《しょうおう》大師良忍《りょうにん》という方は「一称一切称、一切称一称」といわれた。私が南無阿弥陀仏というのは、もう天地一杯全部が南無阿弥陀仏ということなのだ。そしてまた天地一杯が南無阿弥陀仏といってくれるから、私自身も南無阿弥陀仏と一言称えることができる。確かにそうだ。そういうつもりで念仏一つでも称えると、私の称える念仏というのが本当に大したものだ。互時互方、互仏互行の念仏だ。


『行仏にあらざれば、仏縛法縛《ぶつばくほうばく》いまだ解脱せず、仏魔法魔に党類《とうるい》せらるるなり。仏縛といふは、菩提を菩提と知見解会《ちけんげえ》する、即知見即解会に即縛《そくばく》せられぬるなり。一念を経歴《きょうりゃく》するに、なほいまだ解脱の期《ご》を期せず、いたづらに錯解《しゃくげ》す』

とにかく生命実物としてやるのでなければ仏さまといいながら仏さまに縛られ、仏法といいながら仏法に縛られてしまう。「仏法ではな……」と、我見をつっぱるために仏法を口実にしている仏魔法魔のお坊さんもいるもの。

これは今の時代でいえば平和魔というようなものだ。「平和、平和」といって戦争を起こすのだから。その点、平和などという「コトバがきれいなもの」には注意しなくてはいけない。平和というコトバでコトが済むものではなく、平和というコトバの背後にあるものこそが大切なのだ。

「仏縛といふは、菩提を菩提と知見解会する、即知見即解会に即縛せられぬるなり」、仏さんに縛られるというのはどういうことかというと、悟りを悟りと分かることだといわれる。つまりその時には、「分かる自分」と「分かられた悟り」の二つに能所が立ってしまう。そしたら本当に生きた生命実物とはいえなくて、悟りという作られた知見解会に縛られているのだ。生命はまったくナマモノで日持ちがきかないのだから、本当は、いまいまの一念以外に解脱の期はどこにもないのだ。ところがみんな一生というものがコロッと決まってあり、永遠に続いていると思い、いまいまの一念という、まさに解脱の期を取り逃がしている。そして菩提という何かすばらしい一物が向こう側にあるかの如く錯覚している。そういう概念的な固まりはナマの生命実物にはない。大切なのはいま、いまが事実いきいき生きるかどうかということです。いまの一念において、アタマ手放しするのか、どうかということだ。

『菩提をすなはち菩提なりと見解《けんげ》せん、これ菩提相応の知見なるべし、たれかこれを邪見といはん。想憶す、これすなはち無縄自縛《むじょうじばく》なり。縛縛綿綿《ばくばくめんめん》として、樹倒藤枯《じゅとうとうこ》にあらず、いたづらに仏辺《ぶっぺん》の窠窟《かくつ》に活計《かっけい》せるのみなり。法身《ほっしん》のやまふをしらず、報身《ほうじん》の窮《きゅう》をしらず』

そうすると「俺が悟っているのを悟っていると分かるのが、どうして邪見か」という。そういう手合いにかかっちゃかなわない。でもたいてい、みんなそんなつもりでいる。しかし菩提という自性、固まりをもった菩提がどこにある？　決して悟りというコロッとしたものがあるのではない。それを菩提という概念をしっかり握りしめて「俺は悟っている」というのだから、縄がないのに自分で自分を縛っているようなものだ。ない妄想を大事に握っているのだから、縛々綿々として生より死に至るまで動きがとれぬ。

樹倒藤枯とは、樹が藤にからまれているように妄想でがんじがらめになっている、それがブッ倒れなければ駄目だということ。樹が倒れ藤が枯れ、どちらも枯れ果てなければ、仏法の辺《ほとり》の穴蔵《あなぐら》に首をつっこんで住んでいるようなものだ。

『教家経師論師《きょうけきょうじろんじ》等の仏道を遠聞《おんもん》せる、なほしいはく、即於《テ》二法性《ニ》一、起《ス》二法性《ノ》見《ヲ》一、即《チ》是《レ》無明《ナリ》。この教家のいはくは、法性《ほっしょう》に法性の見《けん》おこるに、法性の縛をいはず、さらに無明の縛をかさぬ。法性の縛あることをしらず、あはれむべしといへども、無明縛のかさなれるをしれるは、発菩《ほつぼ》提心《だいしん》の種子《しゅうじ》となりぬべし』

教家、経師、論師のことを「仏道を遠聞せる」というのは、この人たちは仏道を自己のこととはせず、仏道を向こう側におき、自分の人生と関係のない単なる研究対象として見ているからです。しかしそういう人たちでさえ「法性において、法性の見を起こす、即ちこれ無明なり」といっている。つまり「知るもの」と「知られるもの」と二つあって、その知られる法性において何か自性があるという見をもつのは無明だという。

本当はそういう無明の縛だけではなく、それ以前に法性そのものの縛ということがある。俺は悟ったという処にあぐらをかき決め込むということが、つまり法性の縛だ。見性《けんしょう》したといえば見性という一つの金の鎖につながれてしまうのだ。「不味《まず》いもので食傷する奴はいない。みんな好きなモノで食中《あた》りする」というけれど、本当だ。私なんかでも玄米を三十年来食べていますが、玄米で食いすぎたことはない。ところがこの頃、コシヒカリとかササニシキとか新米を方々から送って下さるので食べてみると、これがうまい。おかずがなくてもおこうこ一つで食いすぎてしまうもの。それと同じように、みんな悟りというもので食いすぎてしまう。しかし一応無明縛ということだけでも分かっていれば、発菩提心のタネにはなるだろう。

『いま行仏かってかくのごとくの縛に縛せられざるなり。かるがゆゑに我本行《ジ》二菩薩道《ヲ》一、所《ノ》レ成《ズル》寿命、今猶未《ダ》レ尽《キ》、復倍《セリ》二上数《じょうしゅニ》一なり。しるべし、菩薩の寿命いまに連綿とあるにあらず、仏寿命の過去に布偏《ふへん》せるにあらず。いまいふ上数は、全所成なり、いひきたる今猶《こんゆう》は全寿命なり。我本行《がほんぎょう》、たとひ万里一条鉄なりとも、百年抛却任縦横《ひゃくねんほうきゃくにんじゅうおう》なり』

いまとにかく坐禅する。その時その場で悟りも迷いも超えた行仏威儀が現成するのだ。この行仏は法性、無明の縛は受けない。

次のコトバは法華経如来寿量品《じゅりょうほん》からの引用で「私が昔、菩薩道を行じていたときに成就した寿命は、いま成仏してもまだ尽きない。尽きるどころか、いまの寿命は菩薩道を行じたときの寿命に数倍している」ということです。菩薩道の寿命、これを仏道と一言でいってもいいのですが、これはいつに始まりいつに終わるというものではない。同じ如来寿量品のコトバでいえば「甚大久《じんだいく》遠《おん》、寿命無量、阿僧祇劫《あそうぎこう》」で、はなはだ大いに限りない。そしたら「上数に倍せり」ということは、昔と今と比較しての話ではない。比較を絶した「上」、比較を絶した「倍」で無限という意味です。無限の上数を何倍してみてもやはり無限だから、結局いままでも甚大久遠だったけれど、これからの寿命もまた甚大久遠だということだ。

「菩薩の寿命いまに連綿とあるにあらず」というと、「寿命はいまだ尽きず」といったばかりなのに妙だと思うかもしれない。しかし時間というものは、われわれ人間の頭が測ればこそ時間的長さが出てくる。いまアタマ手放し、これが菩薩道だ。その時、時間的長短あるいは空間的広狭といったものを超えているのが菩薩の寿命です。それは決して連綿として長ったらしいものではないし、空間的に広がっているものでもない。

菩薩の寿命とは私のコトバでいえば生命実物、生命実物は自己尽有《じんう》尽界時時《じじ》がその寿命だ。自分に当てはめてよくその実際を知らなければならない。自己尽有尽界時時といったら刻々のいま、このいまでない時はない。だから「いまいふ上数は、全所成なり」だ。「今猶は全寿命なり」だ。

これをもっと分かりやすくいえば、お釈迦さまが発見され汲みあげ受用されてきた「生命の泉」は、もう甚大久遠から「全所成の生命の水」だし、今ここで汲みあげる泉は「全寿命の生命の水」です。しかしこの全所成全寿命の生命の水は、いま事実汲みあげない限りはわれわれのいのちとして働かない。だから決して連綿としてあるのではない。汲みあげないで放っておけばないのだから。ただ、いま汲んで私自身飲む処に「全所成、全寿命の水」がある。われわれいま事実行ずるという処に初めて天地一杯永遠の生命を実現するわけです。

つまりそういう「いま」が一切時一切処だし、一切時一切処が「いま」だ。私がいつも使う公式でこれを、

$$1=\frac{1}{1}=\frac{2}{2}=\cdots\cdots\cdots=\frac{\text{一切}}{\text{一切}}=\frac{\text{一切時}}{\text{一切時}}$$ という。

それをさらに「我本行、たとひ万里一条鉄なりとも、百年抛却任縦横」という。つまり生命実物の在り方としては自己尽有尽界時時として万里にわたって隙間なくずーっと連なっているといっても、人間の一生（百年）は抛却して縦横に任せるよりほかない。要するに永遠の生命というものが

向こう側にあるわけではないのです。今ここ行じただけが永遠の生命なのだし、それを汲みあげるいのちというのはまさに生きたり死んだりするこの身心だ。この身心は生きるときは生き、死ぬときは死ぬのであって縦横に任すよりほかない。われわれはいつでもそういう生死する身心をもって永遠を行じていくのだ。

私の人生という一生そのものが じつは一炷《いっちゅう》の坐禅なのだ

『しかあればすなはち、修証《しゅしょう》は無にあらず、修証は有《う》にあらず、修証は染汚《ぜんな》にあらず。無仏無人の処在に百千万ありといへども、行仏を染汚せず。ゆゑに行仏の修証に染汚せられざるなり。修証の不染汚なるにはあらず、この不染汚、それ不無なり』

ここからの処は六祖と南嶽の有名な古則を踏まえて展開されている。その古則を引用しますと――。

「南嶽大慧《なんがくだいえ》禅師、六祖に参ず。祖云く、什麼《なに》の処より来る。師云く、嵩山安国《すうざんあんこく》師の処より来る。祖云く、是れ什麼物《なにもの》か恁麼《いんも》に来る。師、措《お》くこと罔《な》し。是に於て執侍すること八年、方《まさ》に前話を省す」。

だいたい禅門で「什麼《なに》の処より来る」と問うとき、何もやって来た地名を聞いているのではない。世間話としての場処ではなくて、もっともっと時間以前の処、私という生きた生命はどこから来ているのかと問うている。だから「嵩山安国師の処」というのではお話にならない。それで「何ものが何しにやって来たか」と六祖にたたみ込まれて答に窮し、それをあたためること八年、南嶽禅師はようやく自《みずか》らうなずく処があった。

「乃《すなわ》ち祖に告げて云く、懐譲《えじょう》当初来し時、和尚某甲《それがし》を是れ什麽物か恁麽来と接することを会得す。祖云く、你作麽生《なんじそもさん》か会《え》す。師云く、一物を説似《せつじ》せんとするに即ち中《あた》らず」。

説似一物即不中とは、いおうと思うのだけれどいったら当たりませんということ。私はいつも生命実物と簡単に符号化していっているけれど、その実物は何といっても即不中だ。大切なのは自分によく当てはめて生命実物とは一体何か。夜寝ているときも呼吸し続け心臓が動いている力、起きているときにはさまざまな思いが浮かんでくる力、ああそのことなんだと頷《うなず》いてみても、コイツがまたコトバで分かっているだけは外れている。結局生命実物は生命実物だ。そのなんともいいようのないものを、ただ実際やるよりほか仕方がないから行仏だ。

「祖云く、還《かえ》って修証を仮《か》るや否や。師云く、修証は即ち無きにあらず、染汚《ぜんな》することは即ち得ず。祖云く、祇《ただ》此の不染汚、是れ諸仏の護念する所なり。汝も亦如是、吾も亦如是、乃至西天の諸祖も亦如是」。

六祖が「修行や証果というものを実際にやる必要があるのかどうか」と聞いたら、南嶽禅師は「それはやるということが無いわけではありません。しかし汚すことはできません」と答えた。それで六祖が「この不染汚の生命実物こそが、護念護持して修証すべき処なのだ」とうけがって「如是如是」と許したわけです。

この古則は何より生命実物だけが問答されているのだということを、よく知らなければならない。自己の生命実物を事実働く修証がないとはいえない。事実働けばそこに働くのだから。では本当に修証があるのかといったら、決して実在的にあるのではない。働かなかったら事実現成しないのだから。その点「修証は即ち無きにあらず」といわれたのは意味が深い。「ある」と言い切ってしまったら実在的有になってしまう。

そういう生命実物を事実働く修証はまた、「染汚することは即ち得ず」汚されたものではない。染汚というと思い出す例がある。皆さんもお寺の門前の掲示板などに短い伝道文が書いてあるのを見かけたことがあるでしょう。その一つにこういうのがあります。

「世の中に　なければならぬ人
　　どうでもよい人
　　いない方がよい人
　そしてあなたは？」。

ところがこれを見て「そうだ、俺はなくてならぬ人にならなきゃ」と奮起して頑張り、ついに「俺は世の中になくてならぬ人間になった」――と思った途端、かえって回りの人から「いない方がよい人」と思われてしまうのではないでしょうか。

その点われわれ得意なこと、良いことでもってかえって染汚する。美人ヅラした美人、秀才ヅラした秀才、金持ちヅラした金持ち、有名人ヅラした有名人……そういう顔をしたとき、みんなから鼻もちならない奴と思われる。

ある寺にエモンカケと渾名《あだな》された雲水がいた。はばかりながらオレ坐禅している、坐禅している、というのが忘れられない。エモンカケ氏は大学で参禅部長をやっていましたが、「あの和尚が参禅部をやっているのなら俺は参禅部に入らない」といっていた学生もいた。つまりエモンカケ氏が坐禅するために坐禅が広まらない。

そういうふうに俺を意識するとき染汚する。だいたい実際に働いている限りは実物であって、観念ゴトではない。ただやっているというだけで、たった一つの実物だ。ところがそこへニョッキリ「俺やってるぞ」とカマ首をもたげるから、「やる俺」と「やられる行」の二つになって染汚してしまう。不染汚とは一口にいうと今ここの行において、そういう俺の意識を手放しているということだ。

「無仏無人の処在」とありますが、修証して一つ手柄を立てようというのなら有仏有人といわねばならない。ところが「修証は有にあらず」なのだから、悟ったり手柄にすべき何ものもない、無仏無人だ。しかし事実修証すれば行じただけは行じたのだから「修証は無にあらず」、そういう修証ならたとえ「百千万ありといへども、行仏を染汚せず」だ。

つまり既成品的な生命実物というものは絶対ないのです。既成品的な修証というものも絶対にない。頭で概念化すればこそ既成的一物になってしまうけれど、生きたソノモノといったら今ここ実際に働くだけが生命実物だ。その行仏は「修証に染汚せられざるなり」だ。

「この不染汚、それ不無なり」というのは、「修証は即ち無きにあらず、染汚することは即ち得ず」を裏側からいっている。つまり不染汚の修証がないわけではないということ。

安泰寺が京都にあった頃ですが、どこかで不染汚の話を聞いて感激し、いつも不染汚不染汚と工夫しているうちに、とうとう不染汚ノイローゼになってしまったという人が来た。これは不染汚ということをあんまり考えすぎて、不染汚に染汚されてしまったわけだ。この辺間違いやすい処があるので、もう少し深く考えてみたい。不染汚が合格、染汚が不合格、だからなんとか染汚はしないで不染汚で合格しようとカンカンになるとしたら、ちょうど受験生と同じだ。受験勉強でノイローゼになるように、不染汚でノイローゼになってしまう。

その点どうせわれわれ、どこにでも染汚が付いて回っているのだから、そんなに心配しなくていいんですよ。いろんなことで染汚ばかり、「染汚なし」などとスッキリ単純に割り切れないのだ。というのは、われわれ頭をもっているので「オレ」と思わないわけにはいかないもの。だからまったく純粋に能所二つに分かれる以前の実物行であることなど、まず滅多にないとしなければならない。

「いやワシはいつでもそのものに成り切って不染汚行ばっかりじゃ」という人がいたら、それこそ不染汚ヅラした不染汚というのだ。そんな不染汚の既成品なんてどこにもあり得ない。だいたい禅坊主がよく「禅とはそのものに成り切ることだ」などという。まったく歯が浮いてしまう。こんなのは不染汚ということをナマの自分に当てはめて考えないで、ちょいと小耳にはさんだ話を受け売りしているだけだ。いや、そんな既成品的不染汚に成り切れないことこそ生きているということだ。生命実物の話はいつでもナマに生きているのだ。

そうすると不染汚ということは難しいと考え込んでしまうと、これまた違う。そもそも「やろうと思うけれど、俺にはできそうもない」と思う、その根本にちゃんと俺が出ている。それを手放すのが不染汚行だ。俺にはできない、難しい——そういう思いぐるみ手放して行ずることこそ行仏威儀です。

『曹谿《そうけい》いはく、祇此《ただ》不染汚、是諸仏之所ナリ㆓護念スル㆒、汝亦如是、吾亦如是、乃至《ないし》西天諸祖亦如是』

頭で考えればこそ、アレとコレと分別して二つに分かれてしまう。ところが不染汚とは分別する頭を手放して一切二つに分かれる以前の生命実物に帰ることをいう。その帰るという方向をいま「諸仏の護念する所」という。

スミレはスミレの花が咲くのだし、バラはバラの花が咲く——これはみんなおのおののスミレはスミレの花開くということを、バラはバラの花開くということを自分の生きる方向にしているのだ。

そういう生命実物の本来の方向に、われわれいつも向かう以外ない。ここをはっきり印象して読んで下さい。決して俺が不染汚に成り切ったとは書いていない。ただ諸仏所護念とある。ということは、行仏威儀はどこまでも狙《ねら》って護念していくものだ。俺はもう行仏威儀に成り切ったといったら、その途端に不染汚ヅラした不染汚でしかなくなってしまう。そしたら所護念というのは一回やればいいのではない。アタマ手放し手放し百千万発して、それを狙っていかなければならないのだ。

それなのに昔から坐禅というと、みんな悟りというZZ′の線（下図・詳しくは『坐禅の意味と実際』大法輪閣刊・五十五頁参照）に成り切って一つになることだと決め込んでいる。ところが生きた人間として思いがまったく浮かばないでZZ′の線に成り切るなんてあり得ない。いやあり得たとしたら、それは死んだ物体になったのだ。人間としては頭がある限り、じっとしていてもフツフツと思いが分泌してくるのは当たり前だ。そこでみんなその思いのなかへ首をつっこむから問題になる。アイツは憎いと思いだしたら段々その思いを育ててしまって、よしアイツを殺してやるという処までいってしまうもの。

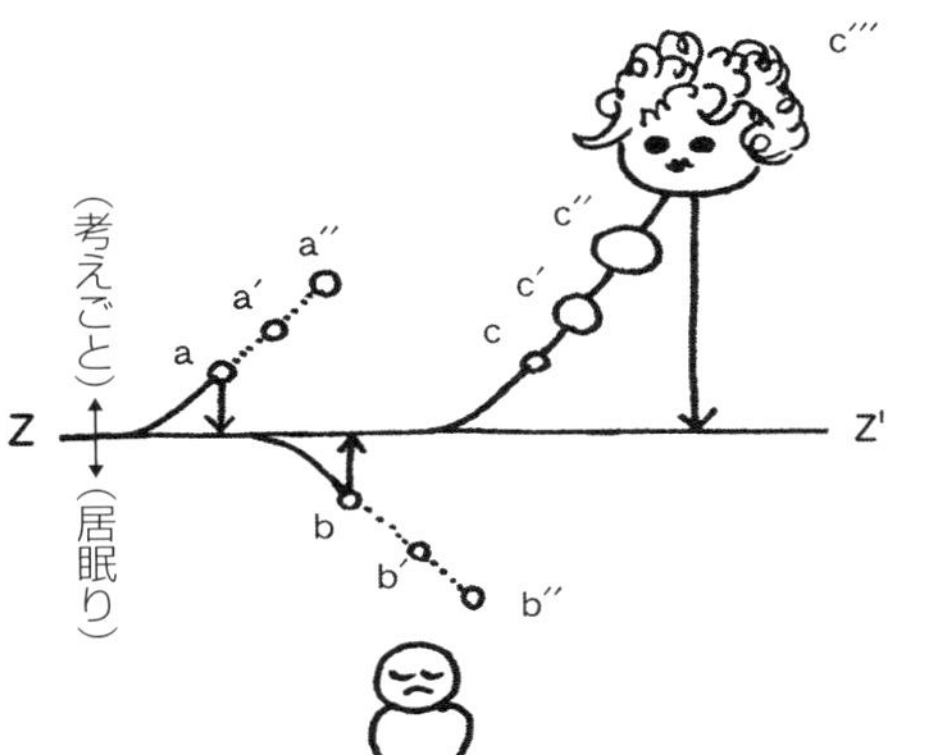

ところがいま大切なのは生命実物だ。そのＺＺ′の線にどの段階でもいいから帰ることだ。ＺＺ′の線に成り切って悟りましたなどという既成品的な坐禅などありはしない。ただアタマ手放しＺＺ′の線にいま覚める、いまのいのちにいま帰る、それが帰命です。だから南無阿弥陀仏と一遍だけいってていいものではない。どこまでも南無南無と帰命していく。坐禅してアタマ手放し一遍やって済むものではない。手放し手放し覚め覚めて、百千万発しているのが坐禅というものだ。

それにしてもこの巻を読んで、つくづく私自身、一鍬《くわ》でも掘りさげたと思うことは、坐禅だけが坐禅ではないんですね。そうではなくて私の人生という一生そのものが一炷《いっちゅう》の坐禅なのだということです。

炷とは一本の線香のことだけれど、普通われわれの接心《せっしん》では一本の線香を立てて坐禅し経行《きんひん》して、また一本立てて坐って経行して――と、だいたい五日間それだけを繰り返している。しかも私が安泰寺で始めた接心のやり方でいままでのやり方と変えた点は、まったくこの五日間を、人とコトバを交わさない絶対無言ということだった。どうしてこんなことを思い立ったかというと、それは沢木老師が「坐禅とは自分が自分を自分することだ」といわれていたから、自分だけになるのなら一切社交なし、無言で坐ろうと思ったのです。そうするといままでは坐禅の合い間に人と多少でも喋《しゃべ》ったりして、お互い社交することによって途切れていたものが、まったく途切れることなしに、今度は五日間それぐるみ一炷の坐禅になってしまったのです。

ところがいまこの行仏威儀の巻を読んでいて分かったことは、なあにじつは一生が一炷の坐禅なのだ。坐禅していても、うっかりすると頭が宙に浮いてスッ飛んでしまう。ところがいつでも手放せばまた坐禅に立ち返ることができる。それと同じようにわれわれの一生のどの場面でも、いまそこでアタマ手放しして悪いことはない。いや、いつでもそこで頭を手放せば手放せるのだ。

坐禅の格好して壁に向かっているときだけが坐禅で、それ以外はアタマ手放しできないのかといえばそうではない。「私は凡夫で手放せません」、そうキメて握っていたら駄目だ。凡夫もクソもない、事実もうナマのいのちを生きているのだから。とにかくどの段階でもいいから手放せばまっさらな生命実物ナマのいのちだ。なるべくなら余計なことはしないで刻々に手放し手放ししていれば、思いをそんなに大きく育てあげないで済む。

啓迪《けいてき》(『正法眼蔵啓迪』西有穆山《にしありぼくさん》提唱)を読むと、至る処で「煩悩は根なし草じゃ」といつもいわれている。これは西有禅師一世一代の名言だと思う。私も坊主になる前からこれをよく読んでいたのでこのコトバを知っていましたが、それにしても煩悩が多すぎるのを如何《いかん》せんといつも思っていた。「根なし草じゃから発心百千万発して手放せ」と、そこまで西有禅師がいっておいてくれたら、もうそれで片が付いていたのにと思う。ところが啓迪にはその一方で、根なし草がまったくなくなってスカッとした悟りがあるようなことがまた書いてあるから、大いに惑わせられてしまった。

そんな悟りの境涯があるのではない。坐禅してても坐禅してもモクモク、モクモク思いの雲は湧いてくるのだから、それを手放し手放し百千万発してゆく。これを護念という。諸仏之所護念である。

『しかあればすなはち、汝亦如是《にょやくにょぜ》のゆゑに諸仏なり、吾亦如是《ごやくにょぜ》のゆゑに諸仏なり。まことにわれにあらず、なんぢにあらず。この不染汚に、如吾是吾、諸仏所護念、これ行仏威儀なり。如《にょ》汝是汝《にょぜにょ》、諸仏所護念、これ行仏威儀なり』

私はこの夏信州ですごしたので、松本平の田んぼ道を毎日一里ほど散歩していた。広々と空が見える道で、特に台風が近づいていた頃の空は雲がとてもきれいに変化して面白かった。それで嬉しくなって一つ一つの雲に雲吉、雲太、雲助、雲右衛門などと名前を付け始めたら、そのそばからどんどん変わってしまってうまく付けられない。

それで思ったのは人間の一生も、もし齣落《こまおと》しフイルムで見てみれば、雲と同じなのではないか。ホギャアと生まれたかなと思ったらムクムクとふくらんで美男になり美女になり――といってるうちに皺《しわ》くちゃになって萎《しぼ》んでしまい、パチンと無くなってしまう。まるで名前を付ける暇《ひま》もない。どんな美人、どんな秀才、どんな権力者であろうと、あるいはどんなお悟り、どんなご信心であろうと、なあにフーッと現われフーッと消えていく。ただ温度と湿気の加減で現われたり消えたりするのだから、その点すべて夢幻空華です。

決まったものがあるように思うのは、単に概念的な約束事にすぎない。コトバを使うための約束事として、概念をコレコレの意味と一応決めているにすぎない。

だから汝といい吾というのが何かカッチリ決まってあるのではない、如是だ。天地一杯の二つに分かれる以前の生命実物が、ただかくの如く現われているだけだ。だから「汝亦如是」「吾亦如是」、それがそのまま天地一杯の「諸仏なり」だ。

要するに普通思っているような吾とか汝とかいう何か実体的なものは、本当は何もないのです。ただ生命実物を生きている吾がその本来の生命実物を狙うのだから、「吾の如く是れ吾」だし「汝の如く是れ汝」だ。

結局アタマ手放し二つに分かれる以前の処で、吾の如く是れ吾なのだということをよく自分に言い聞かせ、それを護念し狙っていくことだ。これ以外に行仏威儀があるわけではない。この辺で行仏威儀の在り方をよく知るべきだ。つまりみんな自分の頭の思いだけを主人公にして生きている。ところが思いは頭の分泌物でしかない。何か決まったモノがあるかのように思い込んでいる錯覚を、いま、いま手放す。そして頭の分泌物は分泌物として、アタマ手放し手放し百千万発しながら生命実物として人生運転していく。そのいきいきしたありようが行仏威儀だ。

『吾亦のゆゑに師勝なり、汝亦のゆゑに資強《しごう》なり、師勝資強、これ行仏の明行足《みょうぎょうそく》なり。しるべし、是諸仏之《し》所護念と、吾亦なり、汝亦なり。曹谿古仏の道得、たとひわれにあらずとも、なんぢにあらざらんや。行仏之所護念、行仏之所通達、それかくのごとし』

吾亦如是というのは師匠の六祖のコトバだ。師匠は師匠なりに勝れているわけだ。汝亦如是というのは弟子の南嶽《なんがく》をさしている。南嶽は南嶽なりに強いからだ。それで師勝資強とはいうけれど、決して師匠と弟子が対立しているのではない。師匠と弟子、勝と劣、強と弱、分かれる以前の生命実物として実際に働くことが「行仏の明行足」だ。吾は吾なりに、汝は汝なりに、何れも生命実物として身口意を充実し、充足していく。

何度もいうように吾とか汝とかいっても、そんなコロッとした実体はないのです。一切二つに分かれる以前のナマナマしい処を狙っているのだから、かえって是諸仏之所護念というのが吾亦としても現われ、汝亦としても現われている。つまりわれわれ本来行仏として護念されているのだ。そしたら、いや吾でないといって後ずさりしても「なんぢにあらざらんや」だ。汝は汝以外ではない。そしてその汝なるものは行仏である。まったく雲みたいな汝としては、雲の如くこれ雲、汝の如くただ汝を行仏していくほかはない。

行仏の所護念（方向）と所通達（働き）とはそういうものだ。

地獄へ突き落とされたらどうするか？
地獄にじっとつかり込んで身動きできぬと決定《けつじょう》する

『かるがゆゑにしりぬ、修証は性相本末等《しょうそうほんまつ》にあらず。行仏の去就《きょしゅう》、これ果然《かねん》として仏を行ぜしむるに、仏すなはち行ぜしむ。ここに為法捨身《いほうしゃしん》あり、為身捨法あり、不惜身命《ふしゃくしんみょう》あり、但惜身命《たんしゃくしんみょう》あり。法のために法をすつるのみにあらず、心のために法をすつる威儀あり。捨は無量なること、わするべからず』

「性相」とは体性と相状《かたち》、「本末」とはもととすえ。

つまり修証は不染汚なるがゆえに、そうしたいろんな差別があるわけではないということ。例えば見性を第一義とやかましくいう人がいる。しかしそんな見性というとりたてた本《もと》があるわけではない。あるいは威儀即仏法、作法是宗旨と形ばかりいう人がいる。しかしそんなお行儀の形ばかりとりたてていいものでない。

行仏のありさまは「果然として」、つまり実際にやり終えてみると、結局仏が行で、行が仏の能所一枚だ。その点、普通は一所懸命仏行を積んでようやく仏果菩提を得ると思っている。そうではない。仏を行ずるといえば、仏が仏を行ずる。今ここ私が生命実物を生きているからこそ、今ここ私が生命実物をするのです。

そういう行仏においては、行ずる人と行ぜられる法と二つがあるのではない。すべて「汝亦如是、吾亦如是」の如是法だ。しかしながらそこにはまた汝と吾、身と法、主観と客観というものがないわけではない。たった一つの如是の処に「法のために身を捨てる」ということがある。これはもちろん行仏威儀としては大切なことだ。生活のために仏法を捨てるというのでは、初めから話にならない。

しかしまた「身のために法を捨てる」ということも知っておかなければならない。早い話が私は喀血して二回も味読会を休んだのですが、しようがない、身のために法を捨てたわけです。

しかしながら同時に「不惜身命」身命を惜しまず、やるときには死んでもやるという気概もなければならない。今回は喀血したあげくに、まだ死んでもやるというほどではないと思ったから休ませてもらったけど、これまあどういう時もある。大切なのはなんでも起こる人生の自由な生命運転です。アクセルばかりふかせばいいというものではない。さりとてブレーキばかりかけて石橋を叩いてついに渡らず——そんなのも困る。

その点なんでも吐き出せばこそ入るんでね。息一つでも吐き出せばこそ入ってくる。それをただ儲《もう》ければいいといって、こちらへ掻《か》き寄せようとばかりしたら窒息してしまう。ブレーキやアクセルやハンドルを使うのも同じこと。右がいい、あるいは左が最高といって、決まったことをやっていたらとんでもないことになる。人生運転というのはまったく決まらない。そこにおいていかに生きた目をもって行動するかが大切だ。それで合格もすれば不合格もくらう。しかし合格だけが良くて不合格は駄目とも決まっていないのだから、合格したら合格した処でどう運転していくか、不合格くったら不合格した処でいかに運転していくか。その辺、合格も不合格も一つの風景として見渡していなければならない。

だから「不惜身命」であるときには、死んでもやりぬかなければならないこともある。「但惜身命」といって、われわれこうして生きているということがすべての根本なのだから、その大切な真実人体を惜しむという処がまたあるべきだ。

「法のために法をすつる」とは「三界《ニ》無《シ》レ法、大地《ニ》無《シ》二寸土一」ということ。そこにドンブリつかってしまったら、法というものが一切目に入らないということもある。

「心のために法をすつる」とは、三界唯一心である限り、心だけですべて済んでいることもある。例えば心臓一つ動いているのでも、俺がやっているのか——俺じゃないもの。それなら世界がやっているのか——そうでもない、俺が生きているのだからね。そしたら心臓一つでも俺と世界、心と法と分かれる以前の処で事実生きている。これが生命実物です。仏法の話はそういう二つに分かれる以前の生命実物から出発している。それが三界唯一心でもあり、三界無法、大地無寸土ということでもある。心といった限りはすべて心、法といった限りはすべてが法。つまり心と法という概念的カタマリ、主観と客観という概念的カタマリ、そんな対立するカタマリはないのだ。ただアタマ手放し、心法二つに分かれる以前の「捨は無量なること、わするべからず」だ。生命実物運転に絶対決まった道はない、捨ということさえもカタマリはない。百千万発カタマリを手放して、いきいきといまの生命実物にいま帰ることが、じつに無量なのです。

『仏量を拈来《ねんらい》して、大道を測量《しきりょう》し度量《たくりょう》すべからず。仏量は一隅なり、たとへば華開《けかい》のごとし。心量を挙来《こらい》して威儀を摸索すべからず、擬議すべからず。心量は一面なり、たとへば世界のごとし。一茎草量《いっきょうそうりょう》、あきらかに仏祖心量なり。これ行仏の蹤跡《しょうせき》を認ぜる一片なり』

だから仏量とか心量という概念的モノサシを持ち出して行仏威儀を測ってはならない、求めてはいけない。「仏量は一隅なり」、仏という概念も一応のものでしかない。「たとへば華開のごとし」、これは「華開いて世界起こる」という般若多羅尊者のコトバがあるように、華が開いたといったら同時に春の世界が開くことをいう。ところが春が来たといっても、じつは華が開くだけではない。鳥も鳴くだろうし、虫も地面へはいだすだろうし、人もソワソワ浮かれだす。そしたら華開というのも春の一隅にすぎない。

「心量は一面なり」、心性とか見性とかいう概念的ハカリも一応のものでしかない。「たとへば世界のごとし」、つまり「華開いて世界起こる」といっても春の世界だけがすべてではない、夏の世界もあるし、秋の世界もあるし、冬の世界もある。そしたら春の世界は一面でしかない。

それに反し行仏威儀の実際は、一茎草を拈じただけですべてが現成する。一茎草とは一本の菜っ葉ですが、それを取り上げて仏祖心を現出させる。つまり典座《てんぞ》のときは一本の菜っ葉を粗末にせず、これをもっていかに仏光明を輝かすかを狙う。いや一本の菜っ葉に限らない。何を取り扱うのでも仏祖心量となし、仏祖心量を建立するという態度で出会いなさいということだ。その時「一茎草量、あきらかに仏祖心量なり」だ。その一茎草は行仏の跡形が偲ばれる一片だ。

確かにそういうことがある。いかにも生命の底光りしているような在り方がある。これに反し「アッこれはあの人がやったのか、さすがに偉い」と人をうならせる、そんなアザトイ目立った良さは大したものではない。そんなアザトイ目立った良さがないからこそ、なお奥床しいのだ。仏法の話というのはお釈迦さまにしろ道元禅師にしろ、気が付かなければ気が付かないで終わってしまうような、なんとも奥床しい良さなのです。

真宗に妙好人《みょうこうにん》といわれる人がいます。ところが身近な人は誰もその存在に気付かないというもの。たまたま身の回りに拡声器の役割をする人がいて、その言動を拡大して「すばらしい妙好人がいる」と放送するものだから、初めてその存在が浮きあがって、みんなも「なるほど、あの人は偉いんだ」と思うようになるという。確かに妙好人の良さというのは、普通の人がまったく気付かないような、どことなしにしっとりいいというか、そこはかとなく匂ってくるような良さなのです。

『観音経・十句観音経を味わう』に書いた、いっちゃん・つねちゃんのお母さんの場合、私がその拡声器の役回りをしたようだ。これは地味な良さだから拡大しなければちょっと分からない。だけど本当に大切なのはそういう生命の底光りするような良さだ。そういう良さをみんながよく知って、人生で一番大切なものとして狙って生きるようになったら、世界も無事だよ。ところがみんなアザトイ目立つような格好良さばかり狙って、そりゃ金持ち権力者が一番いいと決まったようにいうから問題が起こる。一度そんな思い込みを全部捨てて、生まれて生きて死んでいく自分の人生という地盤から、本当の良さとはどういうものか、本当に大切にしなければならないのは何か、考えなければいけない。

『一心量たとひ無量仏量を包含せりと見徹すとも、行仏の容止動静《ようしどうじょう》を量ぜんと擬するには、もとより過量の面目あり。過量の行履《あんり》なるがゆゑに、即不中なり、使不得なり、量不及《りょうふぎゅう》なり』

一心というのは「一心一切法、一切法一心」の一心であり、それは「心仏及衆生是三無差別」の心だ。だから一心量は仏量を包含しているといっていい。しかも心を求むるについに不可得、生命実物としての一心は測り知れないものだ。しかしそれで行仏の在り方を測ろうとしても、行仏にはそれ以上の面目がある。つまり日常行履の生きものが行仏なのだから、どんな固定的概念的モノサシで割り切ろうと思っても即ち当たらず、使うこともできない、量っても及ばない。

『しばらく行仏威儀に一究あり。即仏即自と恁麼来《いんもらい》せるに、吾亦汝亦《ごやくにょやく》の威儀、それ唯我能《ゆいがのう》にかかはれりといふとも、すなはち十方仏然の脱落、これ同条のみにあらず』

いま行仏威儀はまったく測れないものだといってきたから、今度は行仏威儀を究め尽くす一法があるという。「即仏即自」とは仏と我と分かれる以前の如是不二《にょぜふに》、「吾亦汝亦」も吾と汝と分かれる以前の如是不二。そのまったく不二の処を「恁麼来せるに」とは実物するに、「唯我能にかかはれり」、しかもこの我は我をしているということ。

唯我能とは「唯我知是相、十方仏亦然（ただ我この相を知る、十方仏もまた然《しか》り）」という法華経方便品のコトバです。つまり私を息させている力があなたを息させているのだし、またその力が風を吹かせ雨を降らせている。すべて二つに分かれる以前の如是不二としてブッ続いている。しかしながらそういう天地一杯からの生命を、いま直接的に生きているのはこの私だけだ。私にとっては私だけがその天地一杯の生命を生きている。あなたにとっては、あなただけが天地一杯の実物を生きている。これをここで唯我能、唯我知是相という。

だから生命実物というのは、天地一杯まったくノッペリしたものかというとそうではない。「十方仏然の脱落」であって、吾汝のほとりに滞るものではないと同時に「これ同条のみにあらず」。しかしながらお釈迦さまはお釈迦さま、阿弥陀さまは阿弥陀さまという個性がある。すべて生命実物という同のなかに異がある。

『かるがゆゑに古仏いはく、体二取シ那辺ノ事ヲ一、却《きゃ》二来《らい》シテ這裏《しゃり》ニ一行履ス』

行仏威儀の一究の要点を一口にいうと、この宏智録《わんしろく》のコトバになる。つまり天地一杯永遠の生命を明らめて、天地一杯永遠の生命として、今ここを働くということ。

『すでに恁麼保任《いんもほうにん》するに、諸法、諸身、諸行、諸仏、これ親切なり。この行法身仏、おのおの承当《じょうとう》に罣礙《けいげ》あるのみなり、承当に罣礙あるがゆゑに、承当に脱落あるのみなり』

「保任」とは保持打任の意で、任せるということ。つまりわれわれ天地一杯からの生命を生き、天地一杯からの食べ物を食べ、天地一杯からの水を飲み、天地一杯からの空気を呼吸し、何から何まで天地一杯の生命を生きている。だからそれに任せていく。任せてみればあらゆるものが親切だ。「親」という漢字の偏は「亲」というふうにもう一本、一の字があるのが本来の親です。これは同じ姓の一族を意味している。昔の中国では一族がみんな一緒に住んでいたから、そういう同姓同族の人をいつも見ているということだ。

だから親切というのは、切実に身内的であるということ。いま生命実物に本当に任せてみれば、「諸法、諸身、諸行、諸仏」すべてが向こう側のそらぞらしいものではなく、切実に身内的なのだ。

要するに　自己$=1=\frac{\text{一切}}{\text{一切}}$　だ。一切が私の生命の中身、一切が私の生命の風景だ。このとき親切という。

つまり今ここ実際にやる行法身仏においては、出会う処わが生命です。私が何に出会っても私の生命の分身だ。そしたら私がこうしてお話しているとき、皆さんが私の生命分身だ。皆さんが欠伸《あくび》をするような話をしてはならないと、一所懸命にならざるを得ない――という罣礙で身動きがとれない。あるいは坐禅のときは坐禅につかり込んで坐禅以外に身動きがとれない。アッ、蚊の奴に食いつかれたといっても、じっとしていなければならない。アッ、大切なことを思い出したといっても仕方がない。坐っている限りはじっとして身動きできない。これは坐禅という兀地《ごっち》に礙《さ》えられているのだ。それが「おのおの承当に罣礙あるのみなり」です。罣礙とは礙えられているということ。

「承当に罣礙あるがゆゑに、承当に脱落あるのみなり」とは、例えば地獄へ突き落とされたとき、その落っこちた地獄につかり込んで身動きとれぬと決定したら、これはもう地獄ではない。ところがみんな地獄に落ちながら蓮華の台《うてな》を思い出すから、もういても立ってもいられなくなってしまう。

恐いぐらい揺れる小船に乗ったことがあるけれど、一丈あまりも上がったり下がったりする船のなかで、動かない畳のことを思い出したら、とてもいられたものではない。その時はもう仕方がない。自分が揺れる船になってベッタリ寝込んで上がり下がりしていれば、いつの間にか通れる。これはどうしてもおのおの出会う処を承当して、そこにじっとつかり込んで、身動きできないということが大切だ。実際につかり込んでしまったら、すべてが手放し、そこに脱落がある。

『眼礙《げんげ》の明明《めいめい》百草頭《ひゃくそうとう》なる、不見一法、不見一物と動著することなかれ。這法《しゃほう》に若至《にゃくし》なり、那《な》法《ほう》に若至なり』

そういうふうにつかり込んでしまったら、出会っている明明たる百草頭すべては手放し一色であって、「不見一法、不見一物」すべて見えなくなってしまうのではないのか、アレコレという差別がつかなくなるのではないのか、そう思ってはいけない。夢中熱中もう血眼になって一法一物が見えなくなっているのと、行仏の只管《しかん》とはまったく違う。只管人生運転においてはノボセが下がってはっきり覚め、すべてを一目で見ている眼がなければならない。

だから「這法に若至なり、那法に若至なり」で、こちらにもあちらにもかくの如く至っている。こちらにもあちらにもゆき届いた働きができる。ここで読んでいることをコトバだけで終わらせては駄目ですよ。今ここ自分の人生運転の話として血の通った具体性をもって読まなければならない。その点、典座教訓《てんぞきょうくん》に行仏威儀のここの段の話がもっと実際的に書いてあるので引いてみますと——。

「這頭《しゃとう》より那頭《なとう》を看了し、那頭より這頭を看了し、恁《かく》のごときの功夫を作《な》さば、便《すなわ》ち文字上、一《いち》味禅《みぜん》を了得し去らん」。

こちらからあちらを看《み》、あちらからこちらを看、すべてよく目を見開いて工夫すれば、ただ一つのいきいきした生命としての禅がよく分かるだろう。

「米を淘《え》り菜等を調《ととの》うるに、自ら手ずから親しく見、精勤誠心《しょうごんじょうしん》にして作し、一念も疎怠緩慢《そたいかんまん》にして、一事をば管看《かんかん》し、一事をば管看せざるべからず。（中略）先ず米を看《み》んとして便《すなわ》ち砂を看、先ず砂を看んとして便ち米を看る。審細に看来たり看去りて放心すべからず」。

つまりお米と砂をより分けるときも、ただ観念ゴトでいいわけではない。実際に手ずから自らやってボンヤリしない。そして砂だけ見ていてはいけないし、米だけに気をとられてもいけない。米を見ると同時に砂を見、砂を見ると同時に米を見、あちらもこちらもいきいき見ていなければいけない。

その辺を今の時代のようにすぐ○か×かといって、片方を切り捨ててしまってもいいものではありません。だいたい西洋人というのはギリシア時代からアレとコレと二つに分けるのがとてもうまい。そのやり方をすべてに広げ工夫してきたあげく、今の時代になったらそこに価値判断を盛りこんでアレかコレか、○か×かというだけになってきてしまった。

安泰寺のツツジに毛虫が沢山ついたとき、アメリカ人はすぐ薬をまいて一挙に殲滅《せんめつ》することを考える。私なんか手でボチボチ取ろうと思う。ところが日本人もこの頃は教育の成果が出て、みんなアレかコレか、○か×かで片付けようとするようになった。じつに危い傾向だと思う。

早い話が戦後は貧乏に×、豊かさだけに○を付けて、豊かな暮らし、豊かな社会だけを目ざして驀進してきた。それでごらんのように一応物質的には豊かな社会になって、さてどうか？「貧《ひん》すれば鈍《どん》する」というコトバがあるように、貧乏だから人情がないのかと思っていたら、豊かになったらかえって一層悪くなってるじゃないか。これは豊かと貧乏とを分けるのでも、○か×かだけで見ているから、こういうことになったのだと私には思える。大切なのは「這頭より那頭を看了し、那頭より這頭を看了し」、向こうからもこちらからも、両方見なくては駄目だ。そして両方のいい処を生かしていくことだ。貧乏は悪いと問答無用で決め込んでいるのが間違いです。

いまの子供たちを見てごらんなさい。あり余る物に囲まれて育っているから、欲望のブレーキをかけることをまったく知らないじゃないですか。もちろん欲望が悪いわけではない。欲望があればこそ、向上もするのだし進歩もするのだから大切だ。しかしそのブレーキをかけることも仕込んでおかなければ、大きくなってもブレーキのきかないわがまま一杯な人間になってしまう。やはり欲望だけではよくないのだし、ブレーキばかりでも駄目。ハンドルを右へ切るだけでもよくないし、左へ切るばかりでも困る。結局、自由自在に運転していくことが大切だ。

「高処は高平、低処は低平」。

同じ典座教訓にこういうコトバが引かれている。田んぼを作るときは水を張って、高い処は高い処なりに平らにし、低い処は低い処なりに平らにしなければならない。

それを高い低いは差別だからすべて取っ払って、田んぼは一律平等でなければならぬと考えたら、そんなことはできやしない。豊かな社会といってもみんなが超一流の大ブルジョワになれるわけではないし、そんなブルジョワがいいと決まったものでもない。

要するに、全体を見て全体を生かすという観点が大切だ。こちらを見ると同時にあちらを見、あちらを見ると一緒にこちらを見、そこに自ずから○×、良し悪しがありながら、みんなひっくるめて生かそうとするのが人生運転の狙いです。

『拈来拈去《ねんらいねんこ》出入同門に行履する、徧界不曾蔵《へんがいふぞうぞう》なるがゆゑに、世尊の密語密証密行密付等あるなり』

私の人生運転においては拈来のときも拈去のときも、出も入りも、すべて私の生命に映ってくる風景なのだから「同門に行履す」だ。すべて私の世界のなかに蔵《かく》されることなく映り、入っていなければいけない。そこに初めて密語密証密行密付がある。これは秘密の密ではなく、親密の密、まったく身内のように私にピッタリしているということだ。

われわれ間違えればこそ生まれてきたのだ その限り生きているということはすべて間違っている

『出《しゅつ》レ門《もん》便《べん》是《ぜ》草《そう》、入レ門便是草、万里《ばんり》無《む》寸草《すんそう》なり』

これは宏智頌古《わんしじゅこ》に次のような典拠がある。

「挙《ス》。洞山示《シテ》レ衆《ニ》云《ク》、秋初夏末、兄弟或《ハ》東《シ》或《ハ》西《ス》」。「挙す」というのは、まあ見ろということ。洞山大師がある時、衆にこういった。秋の初め夏の終わり、つまり九十日間の夏安居《げあんご》が終わって、雲水たちがみんな方々へ行脚《あんぎゃ》に出かけるとき「直《ニ》須《ク》下向《テ》二万里無寸草《ノ》処《ニ》一去《ル》上」、万里無寸草の処へ向かって行かなければいけないぞと。それでもまだみんな分からないような顔をしているから「又云《ク》、只如《キ》二万里無寸草《ノ》処《ノ》一作麼生《そもさんカ》去《ラン》」、万里無寸草とはどういう処へ向かって去ることなのか分かったかと念を押した。しかし衆は何も答えられなかった。

すると後にこれを聞いた石霜和尚が「出レ門《ヲ》便《チ》是草」、門を出たらこれ草だらけといい、また太陽和尚は「直道不《ルモ》レ出レ門《ヲ》亦是草漫漫地」、門を出なくてもこれ草だらけと応じた。

考えてみるとわれわれ目を外的世間にのみ向けて生きるとき、それこそいつでも引っかかり通しに引っかかっている。いやな奴、悪いことに出遭ったり、逆に美人にフラフラになったり、うまくいった、失敗したと、まるで私の着ているような大きな衣を引きずって茨《いばら》の道を行くようなものだ。これが「門を出れば便ちこれ草」だ。

それでは門をしっかり閉めて引っ込んでいればいいのかというと、今度は頭のなかだけで結構アイツは癪《しゃく》だ癪だと腹を立ててみたり、恋しい恋しいと悶えてみたり、もう少しなんとかならないか、いやどうしようこうしようと、漫々として草だらけだ。

そこへ「万里無寸草の処へ向かって去れ」という。しかし出ても入っても無寸草の処などどこにもない。いや本当にないのかといったらそうでもない。すべてを自己の生命実物地盤として受け取ったらどうか。要するに目を自分より外の物に向けるから草だらけだけれど、すべて生命ぎりの生命という地盤で見直せば、どこにも余計な草などない。万里無寸草の世界だ。

理屈でいえばそういうことだけれど、しかしながら実際に私自身の身に当てはめて、すべて自己の生命の風景として見られるかどうか。そうなるとこれはまた簡単ではない。

しかし同時にこれは頭で考えるから簡単でないのだ。実際にいま坐禅したら一超直入如来地《いっちょうじきにゅうにょらいち》で、仏さんの世界へスポンと飛び込んでしまい行仏威儀が現成してしまう。万里無寸草の処を頭でつかもうとしたら、とうてい行けやしない。しかしたとえ百千万の思いが湧き起こってこようとも、アタマ手放しアタマ手放し、諸縁放捨万事休息の手前には草というかなるカタマリもない。そこが万里無寸草だ。坐禅という行仏威儀の処、一つも嫌うべき法はなく、すべてある通りにある。

「僧問《フ》。寒暑到来、如何《ガ》回避《セン》。
師曰《ク》。何《ゾ》不《ル》下向《テ》二無寒暑《ノ》処《ニ》一去《ラ》上。
僧云《ク》。如何《ナルカ》是《レ》無寒暑《ノ》処。
師曰《ク》。寒時寒二殺《シ》闍梨《ヲ》一、熱時熱二殺《ス》闍梨《ヲ》一」。

これは洞山録《とうざんろく》の有名な問答ですが、無寸草の処というのは、洞山がいう無寒暑の処といっていい。闍梨《じゃり》とは坊さんのこと。これに対して私は今年の年賀状にこう書いた。

「寒時わたしは風邪をひき
熱時わたしは血を喀《は》く
無寒暑の処はわがことならず
どっちへどう転んでも御いのち」。

だいたい無寸草の処、無寒暑の処というと、何かそういう特別な境涯があるかと思ってそれを追い求めるから、まったく方向違いになってしまう。

その点日本人というのはアタマはまったく使わないで、感覚というのか、フィーリングというのか、そんなものだけで行動しているから問題だ。この頃の広告文一つ見ても、日本人以外にはまったく通用しない横文字がやたらチカチカ目につくもの。いまの場合でも「闍梨を寒殺す」「闍梨を熱殺す」といわれると、その語感の響きからいかにも河原のジャリのように成り切ることかと思う。

それで寒中に素裸になって寒風のなかへ飛び出し、俺はジャリに成り切ったなどと言い出す。

そういう奇妙なことをするのが坐禅ではない。「寒時寒殺」「熱時熱殺」というのは、テンからそういう生理的自分の話ではない。生理的自分が暑かろうが寒かろうが、凍死しようが熱死しようが、どっちへどう転んでも御いのち、どっちへどう転んでも天地一杯永遠の生命――それが絶対的な無寒暑の処だ。「寒時寒殺」「熱時熱殺」というと、いかにも気張って猛修行する処に初めてあるように想像してしまうけれど、決してそんな意味ではない。私などは寒時風邪をひき、熱時には血を喀く。かえってただアタリマエがアタリマエになって、どっちへどう転んでも御いのちという人生の絶対的坐りに坐ることが、「寒時寒殺」「熱時熱殺」ということです。

だから私が人生運転といっても、なんとかウマク生きたいというような世渡り処世術の話ではない。ウマかろうがマズかろうが、生きようが死のうが、本当の生死ひっくるめた人生をいかに運転するかという話だ。

その辺ひょっとすると禅坊主の話は、何だかんだもって回って、結局坐禅が生存の役に立つという話になる。坐禅すると自信がついてウマク生きれるぞというね。それではいけない。われわれ事実どんな目にでも遭うのだし、失敗するときには失敗するのだ。そしたら失敗した処で打ちのめされて、もう人生運転を放棄していいのではない、いよいよいかに人生運転していくか――それこそが大切だ。

だいたい二つに分かれる以前の生命実物という点からいったら、生と死、成功と失敗など分かれる以前なのだから、失敗したら失敗した処が生命実物、そこにいきいきとした人生運転があるべきだ。それは成功するためとか、俺がウマイことをしたいための運転ではない。どっちへどう転んでも、合格不合格、生死すべてひっくるめてという、とんでもない運転の仕方なのだ。

『入之一字《にゅうしいちじ》、出之一字《しゅっしいちじ》、這頭《しゃとう》也《や》不《ふ》用得《ようとく》、那頭《なとう》也《や》不《ふ》用得《ようとく》なり。いまの把捉《はそく》は、放行《ほうぎょう》をまたざれども、これ夢幻空華《むげんくうげ》なり』

どっちへどう転んでも御いのちの生命実物地盤の上では、入と出と分かれる以前、這頭（こちら）と那頭（あちら）と分かれる以前だから、そういったものは得ることを用いずだ。

把捉とは「いまこの実物こそ御いのち」として、実際に出会っている処にはっきり覚め直下《じきげ》承《じょう》当《とう》すること。

放行とはアタマ手放しして「どっちへどう転んでも御いのち」と放っていること。

ところでこの場合、アタマ手放ししている放行の処に、またいま出会う処が御いのちという把捉がある。把捉も放行もたった一つの生命実物の在り方なのであって、何れにしてもキマッタものではない。「これ夢幻空華なり」だ。

いつもいうように生命実物というのは、何か決まったそういうものが私の向こう側にあるのでは

【新装改訂版】**鈴木大拙の原風景**

西村惠信 著 禅思想の世界化を果たした鈴木大拙。新資料を駆使して大拙の若き日の苦渋と、その後の思想形成の軌跡を辿る。

三三四〇円

【新装版】**現代仏教聖典**

東京大学仏教青年会 編 諸種の仏典から、人生への示唆に富む仏教思想・教えを平易に現代語訳した聖典集。25年に及ぶロングセラー、待望の復刊！

二九一六円

【徹底比較】**仏教とキリスト教**

執筆＝奈良康明・鶴岡賀雄ほか 著 両教の発生から教え、聖職者のあり方などを2段組で比較し、その違いを解説。さらに両教の類似点などから接点を探る。

一九四四円

天台四教儀談義―法華経理解を深める天台学へのいざない

三友健容 著 『天台四教儀』は、古来、法華経や天台教学を学ぶ上で「必読の書」とされてきた。本書は、その原文に現代語訳と解説を付した『四教儀』注釈本の決定版！

八六四〇円

浄土真宗の〈聖教〉**『安心決定鈔』を読む**

佐々木隆晃 著 本願寺を一躍大教団へと導いた蓮如上人が、「黄金を掘り出すような聖教である」と絶賛し、『歎異抄』と並び評される〈聖教〉を平易に読み説く。

一八三六円

仏教の知恵 禅の世界

愛知学院大学 禅研究所 編 河合隼雄、玄侑宗久、小松和彦、佐々木閑など15人の碩学が、さまざまな切り口で仏教や禅の真髄に迫る、珠玉の講演集！

二三七六円

禅語にしたしむ―悟りの世界からのメッセージ

愛知学院大学 禅研究所 編 悟りを得て、真の自由の境地を生きた禅僧たちがのこした「禅語」の数々を、やさしく解説。

一九四四円

曽我量深 講話録【全5巻】

曽我量深 著 曽我量深師が晩年、各地で一般の人々に説いた教えを聞書きし、雑誌『中道』に掲載された10年に亙る講話を初めて書籍化。

各巻 二九一六円

セラー

内山興正 著

坐禅の意味と実際 生命の実物を生きる

沢木興道老師一筋に生き抜いた老僧が、禅を求める欧米人のために平易に説いた坐禅入門書。

一七二八円

山本玄峰 著

＊

児玉義隆 著

梵字でみる密教 その教え・意味・書き方

神秘の文字「梵字」―その教えや意味、書き方などをやさしく解説。梵字ファン必携の一冊。

一九四四円

服部祖承 著

仏教をブッダの教えがわかる本

210円です。＊印はオンデマンド版。

大法輪閣ロ

太田久紀 著

「唯識」の読み方 凡夫が凡夫に呼びかける唯識 ＊

唯識学の第一人者が、誰にでも理解できるように、身近な話題を交え平易に説いた入門書。

六四八〇円

深浦正文 著

唯識學研究 上巻【教史論】下巻【教義論】 ＊

唯識思想の歴史と、唯識教理のあらゆる関係事項を網羅した名著。

上巻一〇八〇〇円 下巻一六二〇〇円

アルボムッレ・スマナサーラ 著

人生はゲームです ブッダが教える幸せの設計図 ＊

もし生き方がわからなくなったら…。ブッダが教える「幸せに生きるための思考法」を紹介。

一七二八円

安田暎胤・平岡定海 他共著

日本仏教十三宗 ここが違う

本尊や教義など共通の設問を通して各宗派や流派の相違をとらえる。

一九四四円

曽我量深選集【全12巻】 編集代表 金子大栄 ＊

清沢満之の学統を継いで近代真宗学を確立した曽我量深先生。その先生の明治30年代より昭和46年、遷化に至る間の著述講義を年代順に編纂。その独創的思想と信念の全貌を明らかにする。

セット価格八九四二四円（送料無料）／分売可（送料一二〇円）

曽我量深講義集【全15巻】 ＊

『曽我量深選集』に未収録の、戦後発表の講話・聞書を年次を追って収録。第1巻・本願成就、第2巻・本願の国土、第3巻・大無量寿経講義、第4巻・教行信証内観、第5巻・荘厳の世界観、第6巻・現在に救われよ…他。

セット価格四四〇六四円（送料無料）／分売可（送料一二〇円）

安田理深講義集【全6巻】 ＊

第1巻・呼びかけと目覚め—名号、第2巻・親鸞における主体と問題—信心、第3巻・仏教の人間像—仏弟子、第4巻・存在の故郷—浄土、第5巻・親鸞の宗教改革—共同体、第6巻・親鸞における時の問題—歴史。

セット価格一七二八〇円（送料無料）／分売可（送料一二〇円）

大無量寿経講義【全6巻】 大地の会編 ＊

曽我量深・金子大栄・安田理深・蓬茨祖運・信国淳師など、現代の真宗大谷派を代表する講師らを招いて年に一度、約一週間の聞法会が在野で開かれていた。今や稀覯本となった、この貴重な名講義録を復刊。

セット価格二六七八四円（送料無料）／分売可（送料一二〇円）

価格は平成28年12月現在（8%の消費税込み）　送料は、ご注文数にた

彩色 金剛界曼荼羅

染川英輔 著　新作彩色曼荼羅の全尊を原画と同寸大で掲載し、制作の記を付す。白描「一印会」を付録。

《内容見本進呈》　B4・144頁　一八八七四円

彩色 胎蔵曼荼羅

染川英輔 著　全四一二尊を原画と同寸で掲載、さらに完成までの記録を併載。白描の「中台八葉院」を付録。

《内容見本進呈》　B4・192頁　二二六〇〇円

【縮刷版】曼荼羅図典

小峰彌彦ほか 著　両部曼荼羅全尊の的確な白描図とともに、各尊ごとに種字・印相・三形を図示し、密号・真言・解説を付した画期的な図典。

七五六〇円

図解・仏像の見分け方〈増補新装版〉

小峰彌彦ほか 著　五十尊の各仏像に、引き出し線で形の特徴、見分け方のポイントを記し、さらに仏像の由来・功徳・真言等をやさしく解説した入門書。

一九四四円

仏教の総合雑誌 大法輪

涅槃図物語

竹林史博 著　釈尊との悲しい別れに集まった弟子や国王、動物たちの興味尽きない話や、涅槃図に秘められた伝説を豊富な図版と共に解説。

二一六〇円

仏のイメージを読む　マンダラと浄土の仏たち

森 雅秀 著　観音・不動・阿弥陀・大日。百数十点の図版と最新の研究を駆使して、仏教美術の名品に託された、人々の「聖なるもの」への信仰世界を解明。

三四五六円

Q&Aでわかる 葬儀・お墓で困らない本

碑文谷創 著　お葬式の費用は？　会葬のしきたりは？……葬儀・お墓・戒名・法事に関する基礎知識から法律問題までQ&Aでやさしく解説。

一六二〇円

写経のすすめ

一色白泉 編著　写経の心得、書き方等を紹介。お手本に般若心経、法華経如来寿量品偈、観音経等を付した格好の入門書。

〈写経手本8種／写経用紙10枚付〉　三〇二四円

「月刊『大法輪』は、昭和九年に創刊された、一宗一派にかたよらない仏教雑誌です。仏教の正しい理解のために、また精神の向上のためにも『大法輪』の購読をお勧めします。」

ない。むしろ私と向こう側のものと分かれる以前という意味で、それはどんなものかといったら、ちょうど刻々の雲のようなものだ。この頃私は雲三昧に住しているので、いよいよ何から何まで雲に見えてきた。なあにあらゆるものが温度と湿気の加減でフーッと現われ、また温度と湿気の加減でフーッと消えてしまうのです。そういう決まったもののない、跡形のないことを夢幻空華という。

『たれかこれを夢幻空華と将錯就錯《しょうしゃくじゅしゃく》せん。進歩也錯、退歩也錯、一歩也錯、両歩也錯なるがゆゑに錯錯なり』

錯とはあやまりということ。将錯就錯とは、錯《あやま》りをもって錯りに就《つ》くの意。

大体われわれ間違えればこそ生まれてきたのだ。あやまりのない処といったら、生まれる以前に堕《お》ろされていればもう文句なしに決まっている。ところがみんな堕ろされなかったものだから、おめおめと生まれてきた。これがまず錯の始まりですよ。その限り生きているということは全部間違っているのだから、その錯りをもって錯りに住持し自由運転していかねばならない。つまり跡形のない夢幻空華の行仏威儀を、いかに夢幻空華として自由運転していくかということが将錯就錯です。そしたら「進歩也錯」アクセルふかすのも錯、「退歩也錯」ブレーキを踏むのも錯、「一歩也錯、両歩也錯」右にハンドルを切るのも錯なら、左へハンドルを切るのも錯。

どうしなければならないと決まったものはない。どうせみんな錯々だ。錯として錯を狙い、出入りなしの出入りとして、出入りなしの出入りを自由運転していくのがわれわれの人生です。

『天地懸隔《けんきゃく》するがゆゑに、至道無難《しいどうぶなん》なり。威儀儀威、大道体寛と究竟《くきょう》すべし』

天地懸隔とか至道無難、大道体寛というコトバは何れも信心銘《しんじんめい》に出てきます。天は地をおおうもの、地は天の下にあって一切を載せるものというけれど、地は天とのカネアイで初めて地なのではない。天も地とのカネアイで天してるのではない。天は天なりに天だし、地はただ地で天地懸隔している。そこに何も問題はない、至道無難だ。そして大道体寛、ゆったり広々としている。

『しるべし、出生合道出《しゅっしょうごうどうしゅつ》なり、入死合道入なり。その頭正尾正《ずしんびしん》に、玉転珠廻《ぎょくてんしゅかい》の威儀現前するなり』

われわれ生まれ出てくるのも道に適って出てくるのだし、死ぬのも道に適って死んでいく。別に特別なことがあるわけではない。

玉転珠廻とは、法華経に出てくる衣内の玉の宛転《えんてん》（自由に動くさま）をいう。自分が本来もっている宝珠ですね。それをどう転がそうとかまわない。どうせ自己ギリの自己、玉転珠廻の威儀現前するばかりだ。

コトバを替えていえば、仏法の話はいつも不生不滅《ふしょうふめつ》、不垢不浄《ふくふじょう》、不増不減で出入りはない。しかしまったくベッタリ一面の無風景なものかといったら、そこに生滅があり、垢浄があり、増減があり、出入りがある。不来不去の自己の処にあたかも如来如去している姿が、玉転珠廻の威儀現前だ。

『仏威儀の一隅を遣有《けんう》するは、尽乾坤大地《じんけんこんだいち》なり、尽生死去来《じんしょうじこらい》なり、塵刹《じんせつ》なり、蓮華なり、これ塵刹蓮華おのおの一隅なり』

遣有とはあらしめるということ。つまり天地一杯の生命実物の威儀を今ここにあらしめるのは、尽乾坤大地だという。それはそうだ。みんな天地一杯の自己を生きているのだから。

この「天地一杯」という私の表現は、チューリップに教わったのです。あれは宗則《しゅうそく》さんが安泰寺へやって来て坊主になって間もない頃でしょうか、花壇に何かを植えていた。そして春になって、まあ見に来て下さいというから行ってみたんだ。

そしたら、じつに見事なチューリップが——真赤なのもある、真黄色のもある、水色、紫、黒いのまで一遍に咲きそろっていた。私はそれをじっと見ながら、一体地中からこんなエナメルを塗ったみたいに鮮やかな色がどうして出てくるのだろう、不思議だなあと思ってしばらくたたずんでいました。

それで気が付いたのです。この色は単に土のなかだけから現われたのではない。空気も呼吸しているだろうし、光を受けて光合成もやってるだろうし、温度も水も必要だろうし――と考えたら、なあにこのチューリップは天地一杯の処から忽然《こつぜん》と現われてこんな鮮やかな色を咲いているのだなあと、つくづく感じ入ったのです。

同じ頃雲を見ていて、これもフーッと大空一杯の処から現われ、そしてフーッと大空一杯の処へ消えていく。ああ何もかも天地一杯なのだなあと、そのあたりから私の「天地一杯」という表現がはっきりしました。それをここでは生死去来ぐるみの尽乾坤大地という。

よく考えてみると不思議ですね。いつの間にかみんな俺の息は俺がしてると思っている。ところが眠っているとき、俺が息してるんだぞと頑張っている奴はいない。みんな手放してそれでも息をしているのだから、これはどうしても私以上の力、天地一杯からの力だというほかない。

生きるのが天地一杯からの力だとすると、死ぬのもまた天地一杯からの力だ。俺はいま死んでも死に切れないといくらもがいてみても、それぐるみ死んでしまう。また自分は自殺できるといっても、そういう奴に限って自殺し損なって死に切れない。どうせ生きるのも死ぬのも、尽生死去来それぐるみ天地一杯からであるのに間違いない。

塵刹《じんせつ》とは、凡夫的世界のこと。

蓮華は、いわゆるお浄土の世界。凡夫的世界もお浄土の世界もどうせ天地一杯の仏威儀の一面だ。

『学人おほくおもはく、尽乾坤といふは、この南贍部洲《なんせんぶしゅう》をいふならんと擬せられ、又この一四洲をいふならんと擬せられ、ただまた神丹《しんたん》一国おもひにかかり、日本一国おもひにめぐるがごとし』

昔のインド人の世界観ではヒマラヤをモデルにした須弥山《しゅみせん》を中心に、南に南贍部洲《なんせんぶしゅう》、北に北倶盧洲《ほっくろしゅう》、東に東勝身洲《とうしょうしんしゅう》、西に西瞿陀尼洲《さいくだにしゅう》という四洲を考えていたのですが、尽乾坤といわれるとみんな気が小さいから、ハハアそれは南贍部洲のことかなと思う。あるいはこの四洲をひとまとめにしたものかと思う。それより気の小さな奴は神丹（中国）一国、あるいは日本一国だと思っている。いまでも東京に生まれて東京に育った人は、本当に東京だけが世界で東京以外には住めないものだと思っているもの。

『又、尽大地といふも、ただ三千大千世界とおもふがごとし、わづかに一州一県をおもひにかくるがごとし。尽大地尽乾坤の言句《ごんく》を参学せんこと、三次五次もおもひめぐらすべし、ひろきにこそはとてやみぬることなかれ』

尽大地というのも空間的宇宙世界のことかと思っている。尽大地尽乾坤を本当に参究する場合は、三度でも五度でもよく思いめぐらさなければならない。ただ広いからそういっただけなのだと思って済ませてはいけない。

件《くだん》のエモンカケ氏、はばかりながら俺は坐禅してるんだぞと肩を怒らして曰く「坐禅すると俺の体はプーッと広がって宇宙一杯になる」。つまり坐禅して風船をふくらませるみたいにプーッと大きくなることが、尽大地尽乾坤の威儀かと思っている。まったくそんなものではない。

その点この正法眼蔵でも本当に身を入れて参究しなかったら駄目だ。身を入れて読むと、そういう大小問題の話ではないということはよく分かってくるもの。

『この得道は、極大同小《ごくだいどうしょう》、極小同大の超仏越祖《ちょうぶつおっそ》なるなり。大の有にあらざる、小の有にあらざる、疑著《ぎじゃく》ににたりといへども、威儀行仏なり』

だから本当に大きいといったらまったく小さいのと同じ、本当に小さいといったら、まったく大きいのと同じだ。比較で大きいとか小さいとかいっているのは、どうせ小さい話だ。その大きい小さいを絶した、大小二つに分かれる以前が大切なのです。そしたら大といってそんなカタマリがあるわけでなし、小としてそういうキマッタものがあるのでなし。そういうと「疑著ににたり」、いかにも懐疑的ないい方に似ているけれど、しかし生きた生命実物はそういうものだ。

いつもいうけれど、ノミは小さいかというとそんなことはない。ノミのキンタマを全宇宙として生きているバイキンだっているのだから。ではノミは大きいのかというと、それはやっぱり鯨よりは小さいし、鯨にしても地球の池のなかをボチャボチャ泳いでいるだけだし、では地球は大きいかといえば宇宙のなかのゴミ芥にも当たらない。では全宇宙空間こそ最高に大きいのかといえば、なあにそんなのは人間の小さな頭のなかで考えているのだ。

そうすると大小というものは決まってあるものではない。かえって大小に比較する頭を手放した処、大小の比較を絶しているのが本当の大なのだ。

『仏仏祖祖の道取する、尽乾坤の威儀、尽大地の威儀、ともに不曾蔵《ふぞうぞう》を偏界と参学すべし。偏界不曾蔵なるのみにはあらざるなり、これ行仏一中の威儀なり』

尽乾坤尽大地といっても、坐禅してわが身がプーッとふくらんだような気分になることではないし、威儀といっても威張る威ではない。女に代表される凡夫的思いをアタマ手放しという戈で囲うのが「威」だ。その時、尽乾坤尽大地の在り方にブッ続く。

「不曾蔵を偏界と参学すべし」とは、アタマ手放しで一切が蔵《かく》されていない、蔵れようがない天地一杯の在り方こそ尽乾坤尽大地の威儀だということ。

大体われわれ物事を概念的につかむと、それ以外のことは隠れてしまうのです。このひと別嬪といって一目惚れしてしまうと、別嬪以外のことは惚れた男にとって目に入らない。この別嬪さんがヒステリー起こしたらどんな顔になるかなどということは隠れてしまって、あとでウワアこんなはずではなかったということになる。あるいは冬になって寒くなると、もう暑いときは隠れて見えない。

それをいま好き嫌い、寒暖、大小、生死すべて比較し分別する頭を手放して、一切バラのままに生命実物する。その刻々が不曾蔵であり、その世界が偏界であり、その形が行仏一中の威儀だ。単にアタマ手放しの処に一切が蔵されていないというだけではなく、それこそが、じつは生命実物する行仏に最も適中した形、在り方なのだ。

しつこくいいますが行仏威儀を一つの決まった重々しい形というようなものとしてつかんでしまっては駄目だ。それはアタマ手放しという刻々の行《ぎょう》以外にない。

人生を自動車運転みたいなものだと私がいうのは、自分の人生は自分が刻々に事実運転していく処にのみあるからです。それなのに自分の人生を向こう側において人生とは何かと考える。考える自分と自分の人生と二つに分けてしまう。そして人生とはアアでもないコウでもないと考え悩む。あたかも自動車運転の説明書と地図と交通規則の本を前にウーンとうなっているようなものだ。自動車運転というのはそれはどういうものかと考えた処にあるのではない、とにかく自分が車に乗ってまず運転する処にある。

それが行というものです。そして行仏というのだから本当の大人としての人生運転をするということだ。

それを実際の自動車運転に例えれば、まず考えごと運転や緊張運転は危ない。それに酔っ払い運転や居眠り運転も困る。いまはっきり目を開いてアタマ手放し、一切を映しているということが自動車運転で一番大切なことです。簡単にいえば考えごと、緊張運転は思いでノボセ上がっているのだし、酔っ払い、居眠り運転は馬鹿だ。狙うべきはその馬鹿とノボセの間、それが適中の「中」です。どこまでも頭を手放しにしていながら、はっきり覚め覚めて運転していくことだ。それを不曾蔵とも、偏界とも、行仏一中の威儀ともいう。

だから人生運転も同じです。何万キロ走ろうとその偏界の根本は不曾蔵（アタマ手放し）と参学しなければならない。いやアタマ手放しといっても何も考えないでいろということではない。われわれ頭がある限りどうせいろいろ考える。しかしながら頭で考えたのが本物ではない、手放して観《み》ている処が本物だということはよく知っておかなければなりません。その手放し、その不曾蔵こそが人生運転の根本態度に最も適中しているので、行仏一中の威儀という。

同時に自動車運転でも刻々いろんな風景が展開するように、われわれの人生運転でもいろいろな風景が目の前に展開していく。どういう風景か――一口にいって生死、生きることと死ぬことだ。ところが世間一般の人たちは、人生というと生理的に生きることだけを考えている。そこが根本的間違いだ。生理的に生きることなら単なる生存でしかないのに、みんな生存だけが人生かと思っている。だから世間は生存競争の修羅場で、エリートコースを目ざしての蹴落とし合いが子供の頃から始まっている。そういう世間人は世渡り処世の場としてしか、自分の人生を考えられない。そしてその処世の価値基準になるものは何かといったら、自分の欲望以外にない。煎じつめれば自分の物欲、色欲、食欲、名誉欲といったシロモノをいかに手際よく満足させるか――それだけがあらゆる価値を測るモノサシになっている。

しかしそのモノサシに測り切れない、いわば桁《けた》が外れたらどうか。もう仕方がない、すべてお手上げだ。桁が外れるとはどういうことかというと、いわゆる老病死です。年をとってくるともはやどうにもならないという処が出てくる。早い話、田中角栄さんでもその傘下の竹下さんがのし上がってくるのをどうしようもない。ところが、じつはそれと同じことを田中さん自身、親分の佐藤さんに対してやってきているわけだ。「ああ、われ老いたり」と慨嘆《がいたん》してるのじゃないかな。

あるいは癌を宣告されたり心臓病で倒れたり、どうせいつか老病死によって自分の思いが通用しなくなるときが必ずくる。これ、桁が外れる。その時にただ自分の生存だけが自分の人生だと思っている人は、もはやどうにもならない。慌てふためくしかすべがない。しかしその時こそどうするか、これが生死問題の根本ですよ。

われわれの人生は順調な生存だけが永遠に続くわけではない。生存の危機である老も病もあるし、反生存としての死もある。その時になってなんとか癌が治りますようにと神信心しても駄目なのだ。そんな迷信的神信心が通用しないということこそ、死という厳粛な事実なのだから。そして本当はその地盤から初めて真実の宗教が始まるのです。あらゆる生存の価値が通用しなくなった処で、ではそれぐるみどう自由運転していくかということが真実の宗教の話なのだ。

そういう生死ひっくるめた人生運転の場が偏界だ。その偏界における人生運転の根本態度が不曾蔵。その時、自ずから決まってくる形というものが行仏威儀です。

自動車運転でもあらゆる地形、あらゆる天候、あらゆる交通事情というものをひっくるめた処で、今ここの運転の仕方があるわけだ。人生運転の場合も尽乾坤大地、尽生死去来というあらゆるものをひっくるめた処で、今ここの仏威儀の在り方が決まってくるということだ。

色気と食気だけは分かる
しかしあと分からない、とにかく子供を産んでおけという野蛮時代

『仏道を説著するに、胎生化生《たいしょうけしょう》等は、仏道の行履《あんり》なりといへども、いまだ湿生卵生《しっしょうらんしょう》等を道取せず。いはんやこの胎卵湿化生のほかに、なほ生あること、夢也未見在《むやみけんざい》なり。いかにいはんや胎卵湿化生のほかに、胎卵湿化生あることを見聞覚知せんや』

これから以下の処は少し話が変わります。行仏とは繰り返し話したように生命実物することですが、これをわれわれの実際の生死に当てはめてもっと具体的にいおうとされるのが以下の段です。そのためにまずこの世の中におけるあらゆる生死の種類をあげられて、われわれが生命実物として生死するとはどういうことかを説いていかれる。

その点ここは自分自身によく当てはめて、自分の生死問題としてよくよく目を見開いて読むべきだ。生命という限り、生と死をひっくるめて初めて生命だ。生死ぐるみの生命という根本地盤から地固めして生きなければ、どうせいつかはもがくハメになる。

だいたい死といっても臨終の瞬間だけのことではないし、死に方といっても生理的な息の引きとり方の話ではない。そんなことより、最後の病《やまい》の床につくようになったときにどんな病気の仕方を

するか。あるいはもっと早く、すでに老いを自覚するようになったとき、どんな年のとり方をするか。それが本当の死にざまというものだ。

もっと根本的にいえば、いま生きている刻々がそのまま私の死に方そのものでなければならない。つまり生まれたその時から、同時に死に際が刻々付いて回っているのだ。そうしてみれば本当の生き方を考えるということは、生死ぐるみの生き方を考えるということだ。生死ぐるみの生き方を考えるとは、生死ひっくるめた生命実物地盤から地固めして生きるということだ。

「胎卵湿化生」とありますが、仏教ではあらゆる生物を生まれ方の相違によってこの四生に分けている。

まず胎生とは、母胎から生まれるもの。卵生とは、卵から生まれるもの。湿生は、じめじめした処から生まれるもの。化生は、天人や地獄の衆生のように過去の自分の業によって忽然として生まれるもの。

だからこれらは仏道において普通に説く処だけれど「いまだ湿生卵生等を道取せず」、本当の意味の四生そのものは参究していない。ましてこの四生のほかにまだ生があるということは夢にも見たことがないし、胎卵湿化生という四生のほかにまた胎卵湿化生という生があることをまったく知らない。

『いま仏仏祖祖の大道には、胎卵湿化生のほかの胎卵湿化生あること、不曾蔵に正伝《しょうでん》せり。親密に正伝せり。この道得《どうとく》、きかず、ならはず、しらず、あきらめざらんは、なにの党類なりとかせん』

本当の仏法としては、胎卵湿化生のほかの胎卵湿化生があるというのは当たり前のことだ。なぜなら生死分かれる以前の生死、不来不去の如来如去という在り方をしているのだから。われわれの生まれは胎生の如くだけれど、二つに分かれる以前の生命実物を生きているという点からいったら、胎生を超えている胎生だ。それを隠れもなく正伝し、余所ごとに非ずして我がこととして正しく伝えている。

「この道得」とありますが、だいたい仏教では「生死は名字《みょうじ》のみあって実なし。世界の法のなかにはじつに生死あれども、実相の法のなかには生死あることなし」（大智度論）なのです。

それなのにみんな生死というものがカッチリ決まってあると思い込んで、「生死分かれる以前の生死」という生命実物を「きかず、ならはず、しらず、あきらめ」ないのは、何の仲間といったらいいのか。とても仏道者とはいえない。われわれが生死するのは決して私の力でやるのではないし、生きる力が私を生きさせているのでもない。生きると死ぬと二つに分かれる以前の力が私を生かし、私を死なせるのです。それが不去不来の如去如来だ。

『すでに四生《ししょう》はきくところなり、死はいくばくかある。四生には四死あるべきか、又、三死二死あるべきか、又、五死六死、千死万死あるべきか。この道理、わづかに疑著せんも参学の分なり』

生まれ方に四生があるのは分かったが、では死に方にはどれほどの種類があるのか。

これもわれわれ、身辺で死ぬ人がいたらどういう死に方をするのか本気になって見るべきだ。縁があったらどこまでも本気になって、我がこととして看取るべきだ。いまの人たちは本当の死に接していないから、死に方といえばテレビや漫画でナントカカントカ遺言いってガクッと死ぬ、特に子供たちはそういうものばかり見ているから、死ぬといえばお手軽にガックリくることだけかと思っている。あんな死に方というものは実際にはあるものでない。

だから死んでいく人は病院にただ放り込んでおけばいいというのではない。病院へ放り込まれた人が、どれほど拷問にかけられるかもよく知っておかないといけないね。もちろん例外があり、結構で親切な病院がないとはいわないが、だいたい病院という処は、いろんな医療器機を備えている分その代金を償却するために、もう助からないと分かっている病人にも、ブスブス注射針をつっこみ、やれ酸素吸入だ強心剤だと、それでもってたっぷり苦しまされて死なされることになると思わなければならない。決して他人の話ではない。お互いさま、もう自分の意志でどうすることもできなくなった重態で放り込まれる処が大体そんな処なのだ、と覚悟しておくべきだ。いまはそういう野蛮極まりない時代なのだ。

だから死に方にも千死万死いろいろあることを考え、知っておくのも参学の一分です。

『しばらく功夫すべし、この四生衆類のなかに、生はありて死なきものあるべしや。又、死のみ単伝にして、生を単伝せざるありや。単生単死の類の有無、かならず参学すべし』

そのなかに生だけあって死なないものがあるのか——それはある、永遠の生命というのがある。死ぬだけであって生まれないものがあるのか——それはある、永遠の寂滅だ。単生単死、生だけ死だけというものがあるのか——それはある、生也全機現、死也全機現ということがある。独立無伴カネアイなしの生だ、死だ。

『わづかに無生の言句をききてあきらむることなく、身心の功夫をさしおくがごとくするものあり。これ愚鈍のはなはだしきなり。信法頓漸《しんぽうとんぜん》の論にもおよばざる畜類といひぬべし』

無生とは仏教教学でいう縁起無生《えんぎむしょう》、すべて縁《よ》り集まって生じているだけで実体としての生というものはないということ。

ここに書いてあることはそのままいまの仏教学者に当てはまる。縁起無生というコトバを聞いてコトバだけで済ませ、それを自分の生身に当てはめてどういうことか考えることをしない。仏道を学びながらいつも観察者的態度で「仏教思想では……」などと、それを単なる思想として受け取っている。まったく意味のないことだ。仏道はどこまでも自己自身の問題として学んでいかねばならない。それでは修行に信法頓漸《しんぽうとんぜん》（素質によって、法を信じて進む人、実践して進む人、悟ることの早い人、遅い人があること）などといろいろ階級を付ける小乗の人たちにも及ばない。

『ゆゑいかんとなれば、たとひ無生ときくといふとも、この道得の意旨作麼生《そもさん》なるべし。さらに無仏無道無心無滅なるべしや、無無生なるべしや、無法界無法性なるべしや、無死なるべしやと功夫せず、いたづらに水草《すいそう》の但念《たんねん》なるがゆゑなり』

どうしてかというと、たとえ無生というコトバを聞いても、無生の実物が何であるかが問題なのだ。コトバではない、その中身が大切だ。無生という限り、無仏・無道・無心・無滅・無無生・無法界・無法性・無死で、一切無だ。それなのにその無生ということの本当の意味を自分に当てはめて功夫していないから、実生活は無生と関係ない処で生きている。「水草の但念なる」つまり牛や羊が食べる水草のことばかり思っているように、ただ自分の欲望だけを思って生きている。

皆さんもお経を単なる唱えごとで済ませてはいけない。今の時代、わりに般若心経だけは多くの人に読まれているようだが、その初《しょ》っ端《ぱな》に「無眼耳鼻舌身意」とあるのは何だ？　お経には「無」と書いてあるけれど、ほら事実あるじゃないか。無いわけではないもの。そう追及されて答えられる坊さんがどれほどいることか。洞山《とうざん》大師も小僧の頃、師匠にこういう質問をした処、お前は俺の手に合わないといって余所へやられてしまった。これは本気になって自分に当てはめて、どういうことか参究しなければならない。

『しるべし、生死《しょうじ》は仏道の行履《あんり》なり、生死は仏家《ぶっけ》の調度なり。使也要使《しやようし》なり、明也《みょうや》明得《みょうとく》なり。ゆゑに諸仏はこの通塞《つうそく》に明明《めいめい》なり、この要使に得得《とくとく》なり。この生死の際にくらからん、たれかなんぢをなんぢといいはん、たれかなんぢを了生達死《りょうしょうたっし》の漢といいはん』

ここは大切な処です。行履とは、行ない踏む処。調度は、手回りの道具。要するにみんななんとか解脱したいと思っている生死こそは、仏道における実際生活の場であり、人生運転の場であり、詰まる処、生死が仏の御いのちなのです。

だから「使也要使」、使うために必要な道具なのだし、「明也明得」、明らかにすれば明らかにできるものだ。

「通塞に明明」とは、通ずる塞《ふさ》がるが手に取るようにはっきりしていること。生死はわが家なのだから、ここは壁、ここは通路というくらい目をつぶっても分かっていなければならない。

「要使に得得」で生死は自分の手回り品なのだから、ちゃんと自由に使いこなし自由運転できなければ駄目だ。だいたい運転の仕方も知らないで自動車運転するような馬鹿なことがあっていいはずがない。自分がその主人公なのに生死が生死としてはっきり分かっていないのは、とうてい一人前の人間とはいえないし、生を明了し死に通達した人とはいえないと、ここで道元禅師がはっきりおっしゃっている。私もそう思う。

その点生まれた限り死ぬのは分かりきった絶対事実なのだから、もっと素直に受け入れて、むしろ積極的に死とは何か、生死ぐるみの生命とは何か、明らかにして生きるべきだ。いまの人たちはあまりに死ぬのは恐いもの、人生は分からないもの、という自己暗示にかかりすぎていると思う。いま事実生きているのだから、人生分からないなんて、そんな馬鹿なことはない。分かるのが当たり前だ。事実死ぬという限り、死ぬのが恐いというものではない。死ぬことからも自由であるように、人生運転していこうというのが当たり前なのだ。

自己暗示なんてのは、じつにつまらない。ニワトリの翼をぐっと押さえて板の上に寝かせ、白墨でその回りをグルッと丸く囲んでやると、もう動けない。ニワトリはそのまま縛られたつもりでじっとしている。これは自己暗示にかかりすぎてるのだ。いまのわれわれもそうだ。人生なんて分かるものか、死ぬのは恐いといって縛られているのだ。そういうニワトリに向かってどうすればいいのか――蹴っ飛ばせばいい。コッコッコケッコーといって大慌てに逃げていく。

いま私は力をこめて蹴っ飛ばしているわけだ。そして積極的に生死を明らめ、死ぬといってもそんなに恐がらなくていいのだと知れば、年をとっても最後までいきいき生きぬいていけるのです。

『生死にしづめりときくべからず、生死にありとしるべからず、生死を生死なりと信受すべからず、不会《ふえ》すべからず、不知すべからず』

だいたい生死というものが本当にあると思っているから、「生死海に沈淪《ちんりん》す」とか、「生死海中にあって漂う」とかいうコトバが出てくる。ところが本当は「生死を生死なりと信受すべからず」だ。前にも引きましたが「生死は名字のみあって実なし」、これが仏法の根本だ。ただわれわれの頭の手前にのみ生と死がある。その生死の分別を手放し頭をバラにした処では、生は生ならず、死は死ならず、不生の生、不死の死なのです。

「不会すべからず、不知すべからず」とは、生死を理解できないもの、知られないものとしてはならないということ。私が中学時代に「人生とは何か、死とは何か」という疑問をもったとき、回りの大人たちはみな「そんなこと分かるもんか、そんなことを問題にするアンタは変わり者と違うか」というばかりだった。みんな自分が生死を生きていながら、生死が分からないのを当たり前だと思っている。それほど今の時代というのは野蛮極まりない時代なのです。

パプア・ニューギニアの奥地のある部族の人たちは、数を数えるのに一つ、二つまでは数えられる。三つとなるともう分からない、あとは沢山という。それを聞いてわれわれは眉をひそめて野蛮だという。ところがいまのわれわれはどうだ。食うことと生活だけは分かる。しかしあと分からない、沢山。色気と食気だけは分かる。しかしあと分からない、沢山、とにかく子供を産んでおけという。これはずいぶん乱暴で野蛮な話だと私は思う。

『あるひはいふ、ただ人道《にんどう》のみに諸仏出世す、さらに余方余道には出現せずとおもへり。いふがごとくならば、仏在のところ、みな人道なるべきか。これは人仏の唯我独尊《ゆいがどくそん》の道得なり。さらに天仏もあるべし、仏仏もあるべきなり。諸仏は唯《ただ》人間のみに出現すといはんは、仏道の閫《こん》奥《おう》にいらざるなり』

行仏威儀の仏とは一体どういうものか。みんな仏というと、お釈迦さまとか、阿弥陀さまとか、お薬師さまとか、自分よりはるか上にましますお他人のことだと思っている。ところがそれではまったく話が浮いてしまうので、以下仏の話を持ち出される。

人道とは、人間界のこと。多くの人たちは仏さんは人間界にだけあるものかと思っている。しかしそれなら仏さんのおられる処がすべて人間界なのか、そんなことはない。それは人間界の仏だけを尊しとしている言い分でしかない。本当は天上界にも仏さんがいる。仏界にも仏さんがいる。

天台宗でいえば「十界互具《じっかいごぐ》」といって、地獄・餓鬼・畜生・修羅・人間・天上・声聞・縁覚・菩薩・仏の十界のおのおのに、また地獄から仏までの十界がそろっている。それなのに諸仏はただ人間界にだけ出現するといったら、まったく仏道の閫奥（奥ざしき）のなかにまで達していない。

『祖宗いはく、釈迦牟尼仏、自《リ》下従《テ》二迦葉仏所《ノニ》一伝《ヘテ》中正法《ヲ》上、往《キテ》二兜率天《とそつてん》ニ一、化《シ》二兜率陀天《ヲ》一、于レ今有在《ニス》。まことにしるべし、人間の釈迦は、このとき滅度現の化《け》をしけりといへども、上天の釈迦は、于今有在《うこんうざい》にして、化天《けてん》するものなり』

仏教で天というのは、いわば人間世界でいい思いをしている一つの階級を模したものだ。だから色界天では金持ち階級や支配階級というのを天人にしているし、無色界天になるといろんな行をしていい気持になっている連中を天人にしている。いま兜率（陀）天というのは、欲界六天のなかの第四天に当たる。これは欲界にあっても足ることを知っていれば一つの天人といえるので、そこを兜率（満足せるの意）天という。

お釈迦さまは「滅度現の化」で、人間としては滅を示されたけれど、兜率天上の釈迦牟尼仏はいまもそこの天人たちに説法している。

『学人しるべし、人間の釈迦の千変万化の道著あり、行取あり、説著あるは、人間一隅の放光現瑞なり。おろかに上天の釈迦、その化さらに千品《せんぽん》万門ならん、しらざるべからず』

人間のお釈迦さんがいろいろなコトバをいい、行ないをし、説法をしたが、何れも人間としてのほんのわずかな光明を放ち奇瑞を現わしたままでだ。天上にのぼったお釈迦さんの教化は、さらにさまざま多種多様だということを知らなければいけない。

『仏仏正伝《しょうでん》する大道の、断絶を超越《ちょうおつ》し、無始無終を脱落せる宗旨、ひとり仏道のみに正伝せり。自余の諸類、しらずきかざる功徳なり。行仏の設化するところには、四生にあらざる衆生あり、天上人間法界等にあらざるところあるべし』

仏祖の大道が「断絶」という出入り、「無始無終」という出入りなしの何れをも超越脱落している宗旨は「ひとり仏道のみに正伝せり」。

「行仏の設化するところ」といったら四生流転輪廻を解脱する道、私のコトバでいえば生命の自由運転なのだから、胎卵湿化の四生のような生物学的な生まれ方の話など超えている。仏から天上人間そして地獄までのいろんな世界を超えている。

来生は人間に生まれ変わるといわれた白犬が悩んでいる土用に三度人間のクソにありつけるかどうか……

『行仏の威儀を覰見《しょけん》せんとき、天上人間のまなこをもちゐることなかれ、天上人間の情量をもちゐるべからず、これを挙《こ》して測量《しきりょう》せんと擬することなかれ』

覰見とは、うかがい見ること。以下の話は行仏威儀を人間業相の続きで勝手に測ってはいけない、人間業相の手放しこそ行仏威儀なのだということです。

いまの人たちは人間の目というものを大したものだと思っているけれど、なあに生命の真実から見たらわずか一端でしかない。あたかも蟻が一所懸命に見上げても「ああこれがヒマラヤ山か」と認識できないように、人間の目には本当の生命の真実は見られやしない。だから仏法を見るのに、人間という業報で見てはいけない。

仏教でいう「業《ごう》」というコトバは、なかなか面白い味のあるコトバだと思う。業の初めの意味は行《ぎょう》、単に行なうということだった。ところが行なった限り必ずその行為の結果が出てくる。そこで因果関係と結び付いて「過去から続いて働く一つの潜在的力」とみなされた。だから、業という過去のいろんな行為の続きでいまこういう形になり、さらにその業によってこんな行為をするという。

結局人間という限り、その業によって人間としての限られた目でしか物を見れない。それが人間という業の姿であり、報いでもある。

沢木老師がこんな面白い話をされたことがある。昔から白犬というのは来生には人間に生まれ変わるといわれている。それで赤犬が白犬に向かって「白よ、白よ、お前は結構じゃな。来生には人間様に生まれ変わるんだから」といった。そしたら白犬が涙ぐんで「お前がそういうてくれるのは嬉しいけれど、さて人間に生まれ変わったとき、われわれがあの、土用のうちに三遍は食わなきゃならないという人間のクソが、果たして人間界でも食わせてもらえるかどうか心配でかなわない」といったという。

犬の目から見ればこそ、夏の土用のうちに三遍クソを食わないと暑気中《あた》りする。だけど人間になったら人間のクソを食おうなどと誰が思うものか。犬の業としてはクソがご馳走で、それを食うのが業だ。ところが人間になったら、また別の人間としての業がある。

だから「行仏の威儀を覰見」しようと思ったら、人間とか天上とかそういう業相の目で見てはいけない。

『十聖三賢なほこれをしらずあきらめず、いはんや人中《にんちゅう》天上の測量のおよぶことあらんや。人量短小なるには、識智も短小なり、寿命短促なるには、思慮も短促なり。いかにしてか行仏の威儀を測量せん』

十聖三賢とは、仏教で修行の段階を五十三に分けている、その上位に属する人たちだ。そういう仏道修行のオエラ方でも分からない。いわんやわれわれ凡夫の頭で分かるはずがない。

人間の思い（人量）が短小だと、識智も短小だ。寿命も北倶盧洲《ほっくろしゅう》の人たちが何千年も生きるのに対し、われわれはせいぜい百年というのだから短促だ。そしたら思慮も短促になってしまう。そんな人間に行仏威儀、人生運転の話は分かりっこない。

『しかあればすなはち、ただ人間を挙《こ》して仏法とし、人法を挙して仏法を局量《きょくりょう》せる家門、かれこれともに仏子と許可することなかれ。これただ業報《ごっぽう》の衆生なり。いまだ身心の聞法あるにあらず、いまだ行道せる身心なし』

だから人間業報をモノサシとして仏法を見たら駄目だ。あるいは例えば仏法を自然科学的に解釈しようとして、うまく辻褄が合っても少しも手柄にはならない。いまの人たちは自然科学を大したものだと思っているけれど、あれは単なる常識の延長でしかない。

仏法というのはそういう常識の桁が外れたものだ。根本から頭を入れ替えなかったら駄目だ。そうでなかったらただ人間業報の衆生であって、真実の自己に当てはめた聞法もしていなければ、実際に仏道修行をした覚えもないということだ。

『従法生にあらず、従法滅にあらず、従法見にあらず、従法聞《もん》にあらず、従法行住坐臥にあらず。かくのごとくの党類、かつて法の潤益《じゅんやく》なし。行仏は本覚を愛せず、始覚を愛せず、無覚にあらず、有覚にあらずといふ、すなはちこの道理なり。いま凡夫の活計《かっけい》する、有念無念、有覚無覚、始覚本覚等、ひとへに凡夫の活計なり、仏仏相承《ぶつぶつそうじょう》せるところにあらず』

「従法」とあるのは、一切が二つに分かれる以前の生命実物地盤でということ。そういう本当の生命実物地盤で生まれたこともない、滅したこともない、見たこともない、聞いたこともない、行住坐臥したこともないということもない、人間業相の桁を外れた覚えがないから法のうるおいもない。

というのもみんな頭だけで見ているからです。その限りどうしても生命実物地盤からは宙に浮いてしまっている。いや頭の働きも生命実物なのだから頭の思いを切り捨てていいというものではないけれど、頭の思いだけで行動せず、やはりアタマ手放しした処から観《み》ていなければならない。アタマ手放しの処から観たら、この娘《こ》は別嬪だけどヒステリー起こしたときにはどんなツラになるか、おばあちゃんになったらどうか、ようく計算に入れなければいけない。決して別嬪が別嬪として固まっているのではないのだから、アタマ手放し柔軟にして観ていることが大切だ。

前にも出てきたように行仏というのは、本覚始覚、有覚無覚などという分別、概念の話ではない。そんなのはそれぐるみ凡夫の話にすぎない。

『凡夫の有念と諸仏の有念と、はるかにことなり、比擬《ひぎ》することなかれ。凡夫の本覚と活計すると、諸仏の本覚と証せると、天地懸隔《てんちけんきゃく》なり、比論の所及《しょぎゅう》にあらず。十聖三賢の活計、なほ諸仏の道《どう》におよばず。いたづらなる算沙《さんしゃ》の凡夫、いかでかはかることあらん』

仏さんだって頭をもっているのだから、有念ということはもちろんある。しかし凡夫の有念とはまるで違う。あるいは本覚といっても、凡夫は本覚を向こう側において観察者的態度で終始する。それで違ってしまう。それに対して諸仏は本覚を自《みずか》らとして実証するのだ。だから凡夫の本覚と諸仏の本覚とは天地懸隔で、比べものにならない。

修行を積んだ十聖三賢の菩薩ですら、その活計（いとなみ）は諸仏に及ばない。まして算沙《さんしゃ》（砂をかぞえているような）の凡夫、つまりいまの仏教学者のように人間的概念のソロバンだけはじいている凡夫に分かるはずがない。

『しかあるを、わづかに凡夫外道の本末の邪見を活計して、諸仏の境界《きょうがい》とおもへるやからおほし。諸仏いはく、此輩罪根深重《しはいざいこんじんじゅう》なり、可憐愍者《かれんみんしゃ》なり。深重の罪根たとひ無端なりとも、此輩の深重担《じんじゅうたん》なり』

本末の邪見というのは本劫本見（過去は確かにあるという常見）と末劫末見（未来はどうせ分からないと

いう断見）をさす。昔からインドにはいろんな思想家がいるわけですが、その点いまの思想界と少しも変わらない。マルキシズムも外道に入るし、みんな本劫本見か末劫末見かに入ってしまう。あるいは生長の家に代表される新興宗教とか、仏法を科学的に解釈する知識人とか、そういう輩はみんな仏法を引きずりおろして次元の低い外道の思想に引き当てて得意になっている。

これ、罪は深いのだ。じつに憐れむべきだ。そういう罪は無端であってどこからはっきり始まったというものではないけれど、なんということなしに始まって、とにかくそういう連中には大変な重荷になっている。人生を誤っているのだから——。

『この深重担、しばらく放行《ほうぎょう》して著眼看《ちゃくがんかん》すべし。把定《はじょう》して自己を礙《げ》すといふとも、起首にあらず』

いま差別だ差別だとうるさくいっているけれど、本当の処はアタマ手放ししてみなければ分からない。差別差別と言い立てることが、かえって差別だということもある。別にどうと決まっていることはない。スッタニパータにも「先祖からの血によってバラモンなのではない。いまの行ないによってバラモンである。血によって奴隷なのではない。行ないによって奴隷である」と出ているけれど、その通りだ。すべて今ここの行ないを、はっきり目を開いて見ていなければならない。

ところが世間の人はキレイなコトをいう人をりっぱな人格者だと思うから、キレイゴトが流行《はや》るもの。それより実物としての行ないはどうかだ。キレイゴトをいいながら隠しごとをしたり、人の物に手を出したら、キレイゴトを口にしているだけ罪の深い泥棒だ。たとえ「なに、ちょっと人の真似して手を出しただけだ。平生《へいぜい》は正直者なんだ」といっても、人の物を取ったら即座に泥棒だ。その辺、いつでもいまこれは何か、よく実物に目を開いて概念にごまかされてはいけない。決して差別が差別と決まっているモノではない。

「この深重担、しばらく放行して著眼看すべし」、すべて手放してはっきり目を付けて見ろ。「把定して自己を礙すといふとも」、こうだと決め込んで自己を縛りつけているといっても、「起首にあらず」、その始めがあるわけではない。別に是非ともそうやって自分を縛らなければならぬ理由があるのではない。私だって何も坊主にならなければならないことはないのだ。マルキストになってもよかったし、政治家になってもよかったし、なんなら泥棒になってもよかったのだ。起首はない。何になってもいいのだ。

『いま行仏威儀の無礙《むげ》なる、ほとけに礙せらるるに、拕泥滞水《たでいたいすい》の活路を通達しきたるゆゑに無罣礙《むけいげ》なり』

いま行仏威儀が人生運転において自由自在なのは、仏法につかり込んで拕泥滞水しているからだという。拕泥滞水とは菩薩が自ら泥をかぶり水にぬれてほかの人を助けること、つまり慈悲のゆえに自分の醜さを忘れて人を済度することです。私のコトバでいえば、何ものにも出会う処わが生命として働くこと、その時どっちへどう転んでも御いのちの世界が展開する。

ここが仏法の生き方として最も重要な処だ。われわれ「俺、俺」という我欲だけで生きているから、なんとかウマイ方へ転ぼうと思って障りだらけになる。ところがそこで自と他と分かれる以前、生と死と分かれる以前、有と無と分かれる以前という本来の生命実物地盤にズンブリつかり込んでみれば、どっちへどう転んでも御いのちだ。それで初めて仏道修行のなかへ踏み込んだといえるのです。ウマイ方へ転ばなければという限り、そこに恐れがある、不安がある。どっちへどう転んでもという限り無畏だ、無罣礙だ。その恐れなし障りなしという処を、実際に生きなければ駄目だ。

『上天にしては化天《けてん》す、人間にしては化人《けにん》す。華開《けかい》の功徳あり、世界起の功徳あり、かつて間《けん》隙《きゃく》なきものなり』

だからお釈迦さまでも、その教化すると教化されると分かれる以前だ。ちょうど華開いて世界起こるように、その間にまったく隙間はない。二つはない。やっただけはやったというばかりで、いまこの実物こそ御いのちだ。

『このゆゑに自他に迥脱《けいだつ》あり、往来に独抜《どくばつ》あり。即往兜率天なり、即来兜率天なり、即即兜率天なり。即往安楽なり、即来安楽なり、即即安楽なり。即迥脱兜率なり、即迥脱安楽なり。即《そく》打《た》破《は》百《ひゃく》雑《ざっ》砕《すい》安《あん》楽《らく》兜《と》率《そつ》なり、即《そく》把《は》定《じょう》放《ほう》行《ぎょう》安楽兜率なり、一《いっ》口《く》呑《どん》尽《じん》なり』

迥脱《けいだつ》は迥然独脱の略で、はるかに超えていること。一切二つに分かれる以前の生命実物だから自心と他世界という対立をはるかに超えて、その往来、活動はじつにユニークだ。

即往兜率天とは、このままで兜率天へ往くということ。つまり足ることを知ったというだけで即往兜率天だし、即来兜率天だし、即即兜率天だ。

安楽とは極楽浄土のこと。一旦アタマ手放ししたというだけで、そのまま安楽へ往くのだし、そのままで安楽から来るのだし、そこにいるままが安楽だ。

そして兜率とか安楽ということさえ、はるかに超えてしまっている。

即打破百雑砕——こなごなに砕いてみても、何から何まで安楽兜率という限りやっぱり安楽兜率だ。即把定放行——とらえても放っても、やっぱり安楽兜率だ。生命実物地盤で生きる限り、そこで何をやろうと何を考えようと生命実物地盤だ。生命実物がすべてを一口に呑み尽くしている。

『しるべし、安楽兜率といふは、浄土天堂、ともに輪廻することの同般なるとなり。行履《あんり》なれば、浄土天堂おなじく行履なり。大悟なれば、おなじく大悟なり。大迷なれば、おなじく大迷なり』

安楽国は浄土だし、兜率天は天堂だけれど、どちらも生まれたり死んだり輪廻することのなかにある。われわれが日常当たり前に踏み行なっている処に、浄土も天堂もある。

その点いつもいうけれど、地獄へ落っこちたとき地獄をつとめ上げようという姿勢になったら地獄は地獄でなくなるのだ。例えば今の時代、これから死のうという人はどんな目に遭わされるか分からない。それこそ医者の金儲けの一環として、薬づけ器械づけにされてひどく苦しまされるかもしれない。それでも仕方がない。どっちへどう転んでも御いのちだから、それをつとめ上げようという気になったらそれでいい。こりゃたまらん助けてくれと思っても、死ぬときにはその思いぐるみ死んでいくのだから心配いらない。

ただ、それこそみんなどんな死に方をするか分からないわけだけれど、意識がはっきりしている限り生死とはこういうものだとはっきり分かっていることが大切だ。つまり「どっちへどう転んでも御いのち」という処にまず決まって、そしてクソまみれになっていようと「いまこの実物こそ御いのち」としていればいいのだ。

「大悟なれば、おなじく大悟」——大体どっちへどう転んでも御いのちと決まった処では、悟りも迷いもない。迷悟超越した処でさらに悟っているなら大悟だ、迷悟超越した処での迷いならそれは大迷だ。

『これしばらく行仏の鞋裏《あいり》の動指なり。あるときは、一道の放屁声《ほうひせい》なり、放屎香《ほうしこう》なり。鼻孔《びくう》あるは齅得《きゅうとく》す、耳処《にしょ》身処行履処《あんりしょ》あるに聴取するなり。また得吾皮肉骨髄するときあり、さらに行得《ぎょうとく》に他《た》よりえざるものなり』

迷いとか悟りという出入りはそのまま生命実物が生命実物する自分自身の動き、つまり鞋裏（くつのなか）の動指（足の指の動き）にほかならない。

それはある時は放屁声（おならの音）であり、放屎香（クソの臭い）であって、鼻の穴のある者は嗅ぐだろう。耳や身はそれぞれの働きの場で、それぞれに応じた感じ方があるのだし、修行に応じて吾皮肉骨髄を得ることもあるが、それらは決して他から得るのではない。自己を生きるのはいつでも自己のみである。

やる気も何も失せた最後のギリギリはどうだ?
「どうでも勝手にしやがれ御いのち」で死んでいく

『了生達死《りょうしょうたっし》の大道すでに豁達《かったつ》するに、ふるくよりの道取あり、大聖《だいしょう》は生死を心にまかす、生死を身にまかす、生死を道にまかす、生死を生死にまかす。この宗旨あらはるる、古今のときにあらずといへども、行仏の威儀、忽爾《こつじ》として行尽《ぎょうじん》するなり、道環として生死身心の宗旨すみやかに弁肯《べんこう》するなり』

行仏威儀とは了生達死の大道ですが、それは生死を一目に見て生死を生死に任せ、生命実物運転していく処に行尽する。

了生とは生を明了にする、明らかにすること。達死は死に通達すること。豁達とは四方が広々と開けていること。つまり生を明らめ死に通達するとは、生のときは生の心に任せ、死のときは死の心に任せる。生のときは生の身に任せ、死のときは死の身に任せることだ。

ところが普通はどうか。生のときには我見、慢心、貪欲に任せているから、いざ死ぬという段になるとそのノボセ上がりの分だけは本当に奈落の底へ吸い込まれるような思いをせざるを得ない。

じつはいま私、田中角栄さんに少々同情している処です。あれだけの人でもいまは頭が働かなくなってヤル気が全然起こらないに違いない。しかしながらこのままへばってはいられない、やらなきゃという気持なのだと思う。

いや、私も今回そんな思いをしました。NHKテレビの録画のあとひどい風邪をひいてしまったのです。それでもなんとか十日目ぐらいには熱も引いてホッとものの心がついたものの、それでも一体何が何だかわけが分からないほどヤル気がまったく起こらない。その頃ちょうど私のテレビ番組が放映されたらしく、しかもこの放送のとき、ご希望の方には『生死法句詩抄』をお送りしますといっておいたので、その日朝から『生死法句詩抄』が欲しいという人があいつぎ、どうせなら私にもちょっと会いたいという。こちらはとても会えるような状態ではないので、みんな帰ってもらいましたが、そしたら午後早々に郵便屋さんが「反響ありましたね」とかなんとかいいながら持ってきたのが郵便物の束。その次の日はまたそれ以上の束がドサッ、そのまた次の日はまたまたそれ以上の束がドサッとやって来て、私自身はなんにもヤル気がなくてただボーッとその郵便物の山に囲まれて泣きベソかいている始末。結局弟子たちがそれらの郵便物を全部持っていって、方々へ『生死法句詩抄』を発送して片付けてくれたので、やっとホッと一息ついた次第でした。

このように人間というのは、いつでもヤル気があると思っていたら大間違い。まったくヤル気の失せてしまうときが出てくるのだ。どっちへどう転んでも御いのちとはいうけれど、最後になったら「勝手にしやがれ御いのち」、人間最後に死ぬときは「どうでも勝手にしやがれ御いのち」です。

しかし生きてる限りは、勝手にしやがれでコトは済まないからいろいろやるけれど……今回も郵便物だけでなく宗仙寺の提唱も控えていた。それなのに丸二週間も寝ているのだから、イライラする気分分かるでしょ。しかしそれもこれも風邪のせいだというだけだね。そしたらその場合どうあるべきか。

結局、私の生命力がある限りやる以外ないというだけだ。それ以上、どうしようといってどうなるものではない。風邪が悪いから風邪を早く治さなくてはといっても、治らないものは治らないし、ヤル気が起こらないものは起こらないのだし、ヤル気がまた起こってきたら起こればいいのだ。これはもう生命力だけが頼りですよ。私を根本的に生かしているのは、生と死と二つに分かれる以前の生命力以外にないのだから、それに従って生きられる限りは生きるのだし、それさえも働かなくなったときは「どうでも勝手にしやがれ御いのち」と思って死んでいくだけだ。それが生也全機現《しょうやぜんきげん》、死也全機現ということだ。

それなのに生存だけに価値をおいて、最後の最後まで竹下さんを押さえこんで世の中を俺の思い通りにしなければというような気分でやっていたら、さぞかし辛かろうと思う。大切なのは生死を心に任せ、身に任せ、仏道に任せ、生死に任すことだ。何のことはない、本当に生命を生命に任せることだ。

これを帰命、命に帰るという。この方向に向いて南無と一つ称える気持になったら、もう仏道は成じている。一称南無仏皆已成仏道《かいいじょうぶつどう》だ。みんな仏道というと、とてつもなく変わったことかと思うけれどそうではない。南無と一つ本気になって御いのちに帰る、御いのちに任せるとき、もうすべて仏道を成じているのです。

いや、なかなかそうはいきませんという。それが違う。本当にいま南無といったら南無なのだ。いま坐禅といったら坐禅なのだ。「古今のとき」を選ばず行なえば行なえる、行なえば現われる。南無という一瞬に「行仏の威儀、忽爾として行尽する」のです。

「道環として生死身心の宗旨すみやかに弁肯するなり」の道環とは円環のことで、始めも終わりもないこと。弁肯は成弁の意で、出来上がること。つまりどれだけ積み上げたからその結果が終わりに出てくるというのではない。もうまったく始めも終わりもなく、南無と称えたときすべて行じ尽くしている。

　『行尽明尽《みょうじん》、これ強為《ごうい》の為《い》にあらず、迷頭認影《めいとうにんよう》に大似《だいじ》なり、廻光返照《えこうへんしょう》に一如なり。その明上《みょうじょう》又明《ゆうみょう》の明《みょう》は、行仏に弥綸《みりん》なり、これ行取に一任せり』

行尽明尽とは、身に行尽し心に明尽すること、身にも心にも尽くしている。これは強為、無理にするのではない。ただ南無と称えて帰命しただけだ。生存のウロウロを手放して、いま生死ぐるみの生命に帰るといったら、もうその時すべて尽くしている。

迷頭認影というのは、自分の本当の頭に迷って、鏡に写ったものを自分の頭だと思ってしまうことです。影をもって俺の本当の頭だと思うというのはもちろん迷いだ。しかしもう一段つっこんでいえば、実物の頭という形、鏡の頭という影、これの双方ともじつは頼りない大空の雲みたいなものだ。二つに分かれる以前の生命実物という点からいったら、こちら側だけが本当で向こう側はウソというのではない。向こうもこちらも二つに分かれる以前という処が本物だ。頭と影を一応「似」とはいうものの、いまは二つに分かれる以前の迷悟不二ゆえ「大似」という。また、そういう迷悟不二を今度悟りの面から「廻光返照に一如なり」という。外へ向かってアテを求めるのではなく、いま自心に返って自己ギリの自己として照らすことだ。その二つに分かれる以前の明らかな処こそを、いよいよはっきりさせなければならない。それは私に事実働いている生命力そのものに任せること、それが「明上又明」だ。

その時「行仏に弥綸《みりん》なり」で、行仏というなかにあらゆる「明上又明の明」がちゃんと弥綸している。弥とは弥縫《みぼう》で「ぬいつくろう」こと、綸《りん》は経綸《けいりん》で「糸を理《おさ》める」こと。つまり「弥綸なり」とは、つくろい収まっていること。いま実物するなかに実物がちゃんと収まっている。だから「行取に一任せり」、ただ行ずることに任せている。

『この任任の道理、すべからく心を参究すべきなり』

いままでいってきた「生死にまかす」とか「行取に一任」の任すという道理は一体どこから出てきたのかというと、どこまでも自心において参究すべきことだ。つまり「一心一切法、一切法一心」を直接的に生きているのは何よりこの自心なのだ。

いつもいいますが、私が生きている（一心）ということはあらゆる世界を生命体験しながら生きている（一切法）のだし、あらゆる世界（一切法）は私に生命体験される処（一心）にある。だから決して私と世界というものが二つあるのではない。自他、能所、見る見られる、すべて二つに分かれる以前がナマの生命実物だ。

しかしながら、そういう生命をいま直接的に生きているのは、誰でもないこの私がいつも生きているのだから、「すべからく心を参究すべきなり」だ。

『その参究の兀爾《ごつじ》は、万回《ばんかい》これ心の明白なり、三界ただ心の大隔《だいかく》なりと知及《ちぎゅう》し会取《えしゅ》す。この知及会取、さらに万法なりといへども、自己の家郷を行取せり、当人の活計を便是《べんぜ》なり』

兀爾とは不動の姿。つまりその自心を参究するのに動かしようのない処は、一切万法（万回）は自心の明白であり、三界は自心の大隔でしかないということ。

「心の明白」というのは、私をおいて向こう側に世界存在があるわけではなく、一切ぐるみの生命実物を直接的に生きているのはこの自心、つまり私だということ。私が生きると同時に世界存在がある。いわば世界というのは自分という形でない形で現われた自分なのだ。自分が変わった形で出ている点からいえば「心の大隔」だ。

さらにこの知及や会取といえば観念の向こう側におかれているようだが、じつは知及会取することも一つの万法だ。そしたらその万法を直接的に生きているこの自心としては、知及会取ぐるみ生死ぐるみが「当人の活計を便是なり」、当人の便《すなわ》ち是れ活計、いとなみなのだ。

『しかあれば句中取則し、言外求巧《ごんげぐこう》する、再三撈摝《ろうろく》、それ把定《はじょう》にあまれる把定あり、放行《ほうぎょう》にあまれる放行あり』

句中取則とは、言句のなかから法則を取ること。言外求巧とは、言外に何かよいものを求めること。つまり頭は大いに働かせて追求すべきことは追求すべきだ。しかし同時に頭ですべてコトが済むわけではないのだということも、よく頭自身で納得しなければならない。

ところがいまの人たちはみんな中途半端で、そこまで頭を働かしていないから馬鹿だという。せっかく優秀な頭を働かせるのなら、俺の頭では届かない処があるのだということを知るまで働かせるべきだ。繰り返し撈摝（水中に入って物を取ること、よなげること）して、とらえても頭でとらえ切れるものではないと知り、手放しても手放し切れるものではないと知る。それが「把定にあまれる把定」だし「放行にあまれる放行」だ。

私は新しい折紙作品を折るとき、一つでいいから折鶴のようなすばらしい作品を創って後世の人に沢山折って楽しんでもらいたいという気持で折ります。同じように仏道修行において、これこそ間違いのないコトバというのを一句だけでもいって、皆さんのお役に立ちたいという願いをもってきました。

例えばいつも私がいうコトバ「思いはアタマの分泌物」、これこそまさしく折鶴に匹敵する名言ではないですか。

思いという奴は本当にただ頭のなかからブツブツ、ブツブツ湧いてくる分泌物でしかない。生命というものがそんな分泌物で届くはずがないというのに、いまの人たちは自分の頭は大したものだと思っている。大違いだ。

坐禅修行して悟ろう悟ろうとする求道の姿が
じつはそういう形で物足りようとする思いでしかない

『その功夫は、いかなるかこれ生、いかなるかこれ死、いかなるかこれ身心、いかなるかこれ与奪《よだつ》、いかなるかこれ任違《にんい》。それ同門出入の不相逢なるか、一著落在《いちじゃくらくざい》に蔵身露角《ぞうしんろかく》なるか、大慮而解《だいりょにげ》なるか、老思而知《ろうしにち》なるか、一顆明珠なるか、一大蔵教なるか、一条拄杖《いちじょうしゅじょう》なるか、一枚面目なるか、三十年後なるか、一念万年なるか。子細に撿点し、撿点を子細にすべし』

生死、身心、与奪、任違などの出入りが一体どういう処で行なわれているのか、よく頭を働かして功夫参究しなければならない。

そこでまず「いかなるかこれ生」。われわれ生きているということは生理的根本的にいって、毎日こうして息していることだ。起きているときだけではない、寝ているときにも一分間にいくつかの割で息しているのだし、喋っているときも、物を食べているときも、休みなく息し続けている。それで一生の間にどれだけの息をしなければならないか。そんなこと誰も考えていやしない。これみんな俺の頭でやっているようなチッポケなものではないのだ。

本当に「いかなるかこれ生」と、俺の生きている根本は何か功夫追求すべきだ。そうすると生の根本、息の根を一所懸命俺の思いでつかまえようと功夫追求する——その思いそのものが、じつは天地一杯の処からフッと出てきたのだ。結局みんな天地一杯の処から息をしているのだし、天地一杯の処からものを考えているという絶対事実、これをよーく頭を働かせて知るべきだ。

死ぬということでもそうです。たとえ自殺にしても自分の思い通りにできるものだと思っていたら大違いだ。死にたいといって毒を飲んだり、ビルの上から飛び降りたりするでしょう。ところがビルの上からまさに飛び降りて体が宙に舞った瞬間、「アッ、しまった」と思うに違いないのだ。それはそうだ。人間という生き物は、生きたいというのが本能なのだから。そしたらたいがい自殺する人間は「アッ、しまった」と後悔しながら死んでいると思う。その記録はないから絶対とはいえないけれど、きっとそうだと思う。だから、しまったと思う人が自殺したり、本当に死のうと思っていた人が死ねなかったりで、みんな思った通りにはいかない。

いかなるかこれ死——これもよくよく考えてみるべきだ。

いかなるかこれ身心——みんな天地一杯からの空気を呼吸し、天地一杯からの水を飲み、天地一杯からの食物を食べ、天地一杯からのいのちを生きている。

いかなるかこれ与奪《よだつ》——例えば病気のとき薬を与えてもどれほどきくものか。本当は薬がきくのもそこに天地一杯の生命力が働いていればこそだ。

いかなるかこれ任違——任は天地の理に任すこと、違は天地の理に反すこと。

こうしてよく頭を働かせて考えてみると、われわれ本当に天地一杯の生命からだけ生きているわけです。以下「なるか」「なるか」と続きますが、それぞれそういう道理もあるということです。

「同門出入の不相逢なるか」とは、われわれの肉体と外界との間に眼耳鼻舌身意という六根門がある。それを通して外との交流が行なわれるわけですが、その六根門において出入りしながらその出入りする力そのものとは出逢ったことがないのではないかということ。そういえば本当に出逢ったことはない。これが出入りする力だとつかめない。息一つでも勝手に息している。

「一著落在《いちじゃくらくざい》に蔵身露角《ぞうしんろかく》なるか」、一つの行為をなし終えたときに、全体が蔵《かく》れて一部しか見えないのか。

「大慮而解《だいりょにげ》なるか」、よく考えて分かるものなのか。

「老思而知なるか」、年功を積んで初めて知り得るものなのか。私も七十になって初めてなるほどなあと思うことがある。六十代では分からない気分が、七十になって初めて分かる。そしたら八十には八十、九十には九十の気分があるということだ。

「一顆明珠なるか」、天地一杯一つぶの明らかな珠であるのか。

「一大蔵教なるか」、一切経の教えそのものなのか。

「一条拄杖《しゅじょう》なるか」、一本の杖なのか。一大蔵教というと厖大だけど、また一本の杖のなかに仏法全部が入ってしまう。

「一枚面目なるか」、一つの面目であるのか。

「三十年後なるか」「一念万年なるか」、一念のうちに万年があるのか。

『撿点の子細にあたりて、満眼聞声《まんげんもんしょう》満耳見色《まんにけんしき》、さらに沙門一隻眼《いっせきげん》の開明なるに、不是目前法なり、不是目前事なり。雍容《ようよう》の破顔あり、瞬目あり、これ行仏の威儀の暫爾《ざんじ》なり』

精一杯目を開けて声を聞き、精一杯きき耳を立てて色を見る。そこで大切なのは沙門一隻眼、つまり仏法人として本当の眼を開くことだ。

普通は頭で考えられた目の前のモノばかり見ている。ところが仏法としての目を開いて見ると、見る見られるという目前の法ではない。本当の生命実物はいま私に働いているソレなのだ。見る見られる、私と世界、生と死、すべて二つに分かれる以前のナマナマしい実物なのだから不是目前法、不是目前事です。

「雍容の破顔」とはゆったりした笑顔、瞬目はまばたきで、昔お釈迦さまが一本の花を拈じ揚眉《ようび》瞬目《しゅんもく》されたら迦葉尊者《かしょうそんじゃ》がニッコリ笑ったという故事。これはいかにもお釈迦さまと迦葉尊者のヤリトリのようだけれど、それを一つにひっくるめた生命実物そのものが、いきいき通じ合い働いているということです。これは行仏威儀の一隅だ。

『被物牽《ひもつけん》にあらず、不牽物《ふけんもつ》なり。縁起の無生無作《むしょうむさ》にあらず、本性法性にあらず、住法位にあらず、本有然《ほんぬぜん》にあらず。如是を是するのみにあらず、ただ威儀行仏なるのみなり』

他とのカネアイではないのだから物に牽かれる（被物牽）のではないし、物を牽く（牽物）のでもない。事実やればこそやったのだから、縁によって自然にできたのでもない。

あるいは本覚思想では「本来本法性《ほんらいほんぽっしょう》（一切衆生は本来そのまま仏である）」といい、法華経には「是法住法位、世間相常住（そのものがそのものの在り方として、そのまま不生不滅である）」というコトバがある。しかしいまは、そんな既成品みたいな法の在り方を外側から観察する話ではない。

本来自然の存在（本有然）としてあるというものでもない。あるいは「如是を是する」というような、いかにもソレがソノマンマと諦観しているものでもない。

ただ「威儀行仏なるのみ」、ただ行ずるのみだ。行じただけが行じたのだし、生命実物しただけが生命実物なのだ。その威儀、形が現われなければ行仏にはならない。

しかしだからといって、何か特別な威儀の形があると思ったら間違いだ。本来どうあってもいいというのが生命です。どうあってもいいというのは二つに分かれる以前が生命実物なのだから、どっちへどう転んでもそこがいつでも御いのちなのだ。そういう「どっちへどう転んでも御いのち」こそを、いまこの実物として刻々にやろうということだ。

いいですか。どうあってもいいというと、みんな「ああ、どうあってもいいのか」と安心して寝ることかと思う。ところが大切なのは、そのどうあってもいいという処にすべての情熱をかたむけて、今ここを厳しく狙おうというのだ。それで初めて「どっちへどう転んでも御いのち」「いまこの実物こそ御いのち」だ。

例えば今回病みあがりの私としては、最後の最後までやり切れないなと思っているのです。しかしながらとにかく私の生命力のままに、やれるだけはやろうという気で出てきている。それでもうやめてもいいのだし、やらなくてもいいのだ。どうなければならないことはない。しかしながらやれる限りはやる、それだけだ。結局それ以外にない。それが「ただ威儀行仏なるのみなり」ということだ。いま生命実物を生きているのだから、その生命実物通りただ精一杯生きようというだけです。

『しかあればすなはち、為法為身の消息、よく心《しん》にまかす。脱生脱死《だっしょうだっし》の威儀、しばらくほとけに一任せり』

「為法為身」とは前にもありましたが、法の為に身を捨てる、身の為に法を捨てること。われわれの人生運転の消息（ありさま）には本当にどんな場合でもある。いや、なんとか風邪を早く治して元気に喋らなければといっても、間に合わないこともある。そしたら仕方がない。風邪を早く治そうもクソもなしに、いま喋れるだけ喋るというだけでやるほかない。これはもう生命の自由運転に任せていく。

「脱生脱死の威儀」とは、生死透脱の威儀の在り方です。そしたら生死は仏の御いのちなのだから、仏に一任するだけだ。

『ゆゑに道取あり、万法唯心、三界唯心。さらに向上に道得するに、唯心の道得あり、いはゆる牆壁瓦礫《しょうへきがりゃく》なり。唯心にあらざるがゆゑに、牆壁瓦礫にあらず。これ行仏の威儀なる、任心任法、為法為身の道理なり。さらに始覚本覚等の所及にあらず、いはんや外道二乗三賢十聖の所及ならんや』

能所二つに分かれる以前の生命実物を「万法唯心」とも「三界唯心」ともいうわけですが、分かれる以前なのだから一歩進めていえば、万法とか三界とかを上にくっ付けるのは余計なことです。それでただ「唯心」という。

その唯心とは何か。いわゆる牆壁瓦礫だ。いま目の前に現われている、この牆壁瓦礫だといったら、唯心は隠れて牆壁瓦礫だけだ。いや、唯心でないとすれば、すでに牆壁瓦礫でさえもない。

では一体何か。「これ行仏の威儀なる」のみ、ただ生命実物運転するのみだ。それが「任心任法」、行仏の外に心法なく、心法の外に行仏がないということだし、「為法為身の道理」だ。

こんなときに始覚だ、本覚だ、外道・二乗・三賢・十聖だという仏教教学の名目を持ち出してきても仕方がない。

『この威儀、ただこれ面面の不会《ふえ》なり、枚枚の不会なり。たとひ活鱍鱍地《かっぱつぱっち》も、条条聻《にい》なり』

生命実物運転を事実やっているときには、いかなる意味においても向こう側のものとして見られたり考えられたりされるものはない。現成公案の巻にも「慮知にしられんずるとならふことなかれ」とあるけれど、自分の思いで知られることは一つもない。自動車運転でも、ああここに何があると一々意識して運転しているのではなく、それぐるみ事実刻々やっているのだ。生命実物というのは見る見られる二つに分かれる以前の実物なのだから、決して出会うの知るのという相手はなし、面面の不会だ。枚枚（そのことそのことにおいて）の不会だ。そこにおいてただやるだけだ。

たとえ活鱍鱍地で実際いきいき働いたとしても、条条聻でそれなりの在り方としただけのこと。生きた話というのはいつもそうです。小指一本でも、怪我をしていたら存在が大きく気になるけれど、なんともなければ自由自在にただ働いているもの。まったく覚知していないわけです。俺は手の指五本もっていて、いま親指を動かし、いま小指を曲げて、なんて思っているギコチナイ人はいない。われわれの生命の働き方というのは、いつもまったく不会の処で自由自在に働いている。

『一条鉄か、両頭動か。一条鉄は長短にあらず、両頭動は自他にあらず』

「一条鉄か、両頭動か」というのは、生命実物運転がどこまでも自己ギリの自己として一貫しているものなのか、それとも運転というからには運転するこちらと向こうの両頭があるのかということです。

これは自動車運転を考えてみたらよく分かる。何万キロを走ろうと、運転そのものとしては自己ギリの自己だ。刻々映る風景も出会う処も、それぐるみただ自己なのだ。しかしそれと同時に風景という向こう側と、運転は手元足元というこちら側と、二つに分かれないわけではない。両頭動ということはある。

しかし「両頭動は自他にあらず」、刻々に映る風景とそれに応ずる手元足元はそれでも別々ではない。二つに分かれる以前の処で運転していけばこそ、いきいき自由運転ができる。俺は俺の運転、外は外の風景といって、はっきり自他に分けてしまったら、運転は危ないですよ。

「一条鉄は長短にあらず」とは、自己ギリの自己の人生運転といっても一貫した長さがあるのではないということ。そこにはもう卒業はない。

そうすると死ぬことで終わるじゃないかという。それは人間の一生を外側から見れば、確かに生まれて生きて死ぬのだ。ところが外側でない生死そのものを直接する処には、死ぬということさえも運転だ。最後まで運転、運転、運転、だから長短はない。

『この展事投機《てんじとうき》のちから、功夫をうるに、威掩万法《いえんばんぽう》なり、眼高一世なり。収放をさへざる光明あり、僧堂仏殿厨庫三門《そうどうぶつでんずくさんもん》。さらに収放にあらざる光明あり、僧堂仏殿厨庫三門なり』

展事投機の「機」というのは、機《はた》のガッチャンガッチャン織る始動を与える道具をいう。だから機とは、はずみとかきっかけ、きざしの意。それで「事を展べ機に投ずる」とは、学人が事を展《の》べひろげている処に、師家《しけ》が手を差しのべて学人の働きのきっかけを作るということだ。

ちょうど昭和二十三、四年、信州にいた頃ですが、私はすでに坊主になって七、八年たっていながらまだ仏法の狙いがまったくついていなかった。それでやっぱりただ坐禅するだけではなくて、そのあげくなんとか悟りを開かなければいけないのではないかと大いに悩んでいた。沢木老師もそんな私の悩みもがいている姿は見ている。そんな時です。

「仏法は無量無辺、お前の小さな思惑を物足りさすものであろうわけがない」。

老師がこういわれたのです。このコトバはまさに青天の霹靂《へきれき》、私が悟ろう悟ろうと一所懸命坐禅修行している求道者としての姿が、なあに、そういう形で物足りよう、物足りようとする思いでしかないことをまざまざと知らされました。これが展事投機だ。悩みを展べている私に、沢木老師が仏道に目を開くきっかけを作って下さった。

しかし仏道において展事という学人と投機という師家の呼吸が、いつもそういうふうにピッタリ合うかというと、なかなかそうはいかない。師家と学人といっても早い話が凡夫と凡夫だ。ただ仏法という地盤で双方が出会えばこそ初めてスイッチがついて展事投機が行なわれる。つまり万法をおおい一世を見渡す力、二つに分かれる以前の天地一杯の生命力が、展事となって現われ投機となって現われるのだ。

それなのにお師家さんのなかには学人を沢山ひきつれていることを俺の荘厳道具くらいに考えている人もいるし、学人は学人でこの師家についてハクを付けたら、やがていい寺に住職できるなんて考えている人もいる。これではどう間違っても展事投機は起こらない。

だから私はいつも弟子たちに「私という人間を正師《しょうし》だと思っては駄目だぞ。自分のする坐禅こそかけがえのない正師とせよ」といっている。というのは、私も坐禅だけをご本尊さんにし正師と思い、弟子も坐禅だけをご本尊さんにし正師と思い、そこで出会えばこそ道が道として開かれ、目が開かれると思うからです。

次に「光明」というコトバが出てきますが、法華経の序品にも仏さまが眉間の白毫相《びゃくごうそう》から東方万八千の土を照らしたという話が出てくる。光明を放ったからには、またシューッとそれを収めるときがなければならないから、収放と一応いう。ところが本当の光明というものはそんな放ったり収まったりの出入りを超えた生命実物なのだから、「収放をさへざる」「収放にあらざる」といわねばならない。だから光明といっても何かピカーッと光っている物理的な光を思い描いていたらまったく違います。それだったら私の頭なんか光明に満ち満ちているじゃないか。まぶしい、まぶしいと囃したてる子がいるもの。
では収放をさへざる、収放にあらざる光明とは、一体どういうものか。阿弥陀経に「青色青光、黄色黄光、赤色赤光、白色白光」とある。それが光明だ。バラはバラの花が咲く、スミレはスミレの花が咲く、おのおの誰でもその人その人なりに光り輝くということだ。世間一般を持ち出してどうなければならないと思うことはない。その人はその人なりの生命が発現すればいい。それが宗教的光明です。
僧堂は僧堂なりに輝き、仏殿は仏殿なりに輝き、厨庫（くりや）は厨庫、三門（山門に同じ）は三門なりに輝く。みんなそれなりの光だ。

『さらに十方通のまなこあり、大地全収のまなこあり。心のまへあり、心のうしろあり。かくのごとくの眼耳鼻舌身意、光明功徳の熾《し》然《ねん》なるゆゑに、不知有を保任せる三世諸仏あり、却《きゃく》知《ち》有《う》を投機せる狸《り》奴《ぬ》白《びゃっ》牯《こ》あり。この巴《は》鼻《び》あり、この眼《がん》睛《ぜい》あるは、法の行仏をとき、法の行仏をゆるすなり』

「十方通のまなこ」とは「尽十方界これ沙《しゃ》門《もん》の一《いっ》隻《せき》眼《げん》」のこと。これは長沙の景《けい》岑《しん》和尚のコトバですが、ここにいう沙門とは坊さんのこと、つまり「尽十方界はワシの一つの目の玉だぞ」ということ。これは何も長沙和尚だけに限らない、誰でもそうなのです。われわれみんな尽十方界をわが眼に映しながら生き、同時に尽十方界はわが眼に映されながらある。我と尽十方と分かれる以前、それが生命実物だ。

この「十方通、大地全収のまなこ」とは、どっちへどう転んでも何から何まですべてであって、「但し凡夫を除く」というようなケチなものではない。それどころか前後の時間関係もわきまえ、眼耳鼻舌身意六根ぐるみでいきいき働く人間生命だ。われわれ凡夫だといってさげすまなくてもいい。とにかく誰でも彼でも尽十方ぐるみの自己ギリの自己なのだ。

「不知有を保任せる三世諸仏」「却知有を投機せる狸奴白牯」というのは、道元禅師が十五歳でまだ比叡山におられた頃、「顕密二教ともに、本来本法性、天然自性身と談ず。もしかくの如くならば、三世諸仏はなにとしてか更に発心して菩提の道を修行したまふや」という問いを起こされた。つまり本来みんな生命実物を生きているのに、なぜ改めて生命実物を求めて修行するのかということだ。

この道元禅師の真摯な問いに対して、比叡山のお偉方は誰一人答えられなかったという。それで最後に建仁寺の栄西禅師に問うた処、「三世諸仏有るを知らず、狸奴白牯かえって有るを知る」と示された。三世諸仏はかえってそういうのがあるのを知らない、知らないままに生命実物を我がものとして自由に運転している。つまり「不知有を保任せる三世諸仏あり」だ。

狸奴（狸と猫のあいの子のような動物）白牯（牝牛または去勢した雄牛）というのは、いわば中途半端な奴というほどの意味。そういう人間がむしろ「私は本来本法性、そのまんまでいいのだから、さらに修行なんてしなくていいじゃないですか」と、かえって有ることを知っている。

仏法というのはいまもいうように、決して凡夫を締め出した後の仏法ではない。かえってわれわれにも事実確かに働いている人間の生命力そのものだ。そういう眼耳鼻舌身意を備えた人間生命力が熾烈な処なればこそ、そこには有無、能所、自他、仏凡などすべてを二つに分ける頭の分別心ももちろんある。それでこの分別する思いに振り回され「なんとかウマイことをしよう」とする、まるで泥棒猫みたいな中途半端な凡夫も出てくる。あるいは一切二つに分かれる以前の生命力をそのまま覚知することなしに、コソッとそのまま保任している仏さんもある。ここにこの巴鼻（とりつき場）もあり、この眼睛《がんぜい》もある。

そしてその時その時の在り方、いろんな出入りが、生命実物としての人生運転を説き、また生命実物としての人生運転をゆるす。つまりどっちへどう転んでも御いのち、十方仏土中ならベッタリ一面の無風景かというとそうではない。十方仏土中の法華のなかにあって、法華転あり、転法華ありだ。

以下はその「法の行仏をとき、法の行仏をゆるす」実例を挙げられる。

道元禅師が悟られた「眼横鼻直」とは何か？いまの息は、いま息せねばならぬと悟られたのだ

『雪峰山真覚大師、示衆云《ニク》、三世諸仏、在《リテ》二火焔裏《ニ》一転《ズ》二大法輪《ヲ》一』

これを読んでお不動さんのように、ボウボウ燃える火のなかで茹《ゆ》でダコみたいに真赤になって輪を回している仏さんみたいなものを思い浮かべていたら、まったく見当が違う。正法眼蔵の話はみんな他人の噂話でない。どこまでも仏法地盤のこととして受け取らなければならない。仏法として火焔といえば般若の火だ。「般若如《ク》二大火聚《ノ》一触著《スレバ》焼《ス》二却面門《ヲ》一」——般若の智恵は大きな火の塊みたいなもので、すべてを焼き尽くす。

なぜ般若の智恵が火に例えられるのかというと、われわれいつも自分の頭を主人公にして思い固めたものを愛著し欲求し追いかけ、思いに逆らったものには憎み嫌い怒る。いつも自分の頭の思いの丸ころがしだ。ところがいまそういう思い分別を手放しにしたら、二つに分かれたものがことごとく焼き尽くされてしまう。それが般若の智恵の火だ。それは物理的な火ではなくてもっと根本的にすべてを焼き尽くす火だ。アタマ手放し百千万発の処で、一切分別した以後のものをゴウゴウと焼却してしまうのが本当の火焔である。

そしてその時、転不転――不転を転ず。つまり去来のあり得ないものを転じ、如去如来する。もっと具体的にいえば、普通われわれは人間的頭でもってすべては常住だと思う。ところがじつは無常なのだ。あるいはすべて断滅するものかと思う。ところが因果歴然で相続している。だから有と思い固めたものを無と転じ、無と思い固めたものを有と転ずる。これが大法輪を実際に転ずることだ。

あるいはじっと坐禅しながら女々と思っていても、はっと坐禅に立ち返れば前は壁だけ、空々《くうくう》として何もない。逆にコックリコックリ居眠りを始めてボーッと何も分からなくなっても、はっと坐禅に立ち返れば前は壁だけ、はっきりと壁のみだ。

ただこの覚め覚めるを百千万発しつつ、こういう生命実物の転大法輪をするのが坐禅だ。つまりわれわれが実際に坐禅することを「三世諸仏、在火焔裏転大法輪」という。

『玄沙院宗一大師曰《ク》、火焔為《ニ》㆓三世諸仏《ノ》㆒説法《ス》、三世諸仏立地《シテ》聴《ク》』

これも坐禅そのもののありようをいう。いまいったように火焔は有と思い固めているのを無と転じ、無と思い固めているのを有と転じて説法する。つまり有だ無だ、悟りだ迷いだと分けたものを、アタマ手放しという火焔で焼き尽くしてしまう。そういう火焔説法を、三世諸仏という坐禅人がじーっと聞いている。

ただそういうといかにも説法する能《のう》と、地に立って聴くという所《しょ》があり、説かれる法という既成品的一物があるように思ってしまう。ところがそうではない。「説」と「聴」と分かれる以前の「法」を立地聴するのです。だから生命実物という法が、生命実物という法にただ深まっていくということだ。説法聴法といっても、たった一つの生命実物がそのたった一つの生命実物に深まっていく。そこで「天地一杯のいのち、ただ坐る坐禅、いのちの実物の覚め覚める」だけだ。

『圜悟《えんご》禅師曰《ク》、将謂《まさニおもへリ》猴白《こうはくト》、更《ニ》有《リ》二猴黒一。互換投機、神出鬼没。烈焔亙天《れつえんごうてんハ》仏説《ク》レ法《ヲ》、亙天烈焔《ハ》法説《ク》レ仏《ヲ》。風前剪断《ニせんだんス》葛藤窠《かっとうか》、一言勘破《ニスゆいまきつ》維摩詰』

坐禅のことを雪峰が「三世諸仏、在火焔裏転大法輪」といったのに対し、玄沙は「火焔為三世諸仏説法、三世諸仏立地聴」といい換えた。それを圜悟が評して、いや猴白があると思っていたら猴黒もあって、互いにうまくすり換えて、神出鬼没だといった。

猴とは猿だという人もいるし、大泥棒のことだと書いている人もいる。どちらでもいい。とにかく黒といい白というとずいぶん大きな違いのようだけれど、なあに同じ猴についての黒と白とである限り問題にならない。要するに同じ坐禅のことについて、雪峰のコトバを玄沙はうまくすり換えたものだということだ。神を出して鬼を引っ込めたわけだ。

烈焔とはすべての分別をアタマ手放しの行仏で燃やしてしまう火焔だ。亙天とは天地一杯という法の在り方。だからアタマ手放しという行仏（烈焰）が天地一杯の生命実物の在り方（亙天）を説き、天地一杯の生命実物の在り方（亙天）がまたアタマ手放しという行仏（烈焰）を説く。ここは前の段の終わりに「法の行仏をとき、法の行仏をゆるすなり」とあったのに呼応している。

「風前剪断葛藤窠《ニス》」というのは、一切二つに分かれる以前の風が、二つに分かれた以後の絡《から》まりをサーッと切り断ってしまうこと。

「一言勘破維摩詰《ニスゆいまきつ》」とは、たった一言で維摩詰の罪をただしてしまうこと。つまり維摩詰は二つに分かれる以前のいわゆる不二法門をいうのに、ただ黙ることでそれを示した。ところがただ黙って済むものではない、いまその沈黙さえもスッパリ切ってしまった。

『いま三世諸仏といふは、一切諸仏なり。行仏はすなはち三世諸仏なり、十方諸仏、ともに三世にあらざるなし。仏道は三世をとくに、かくのごとく説尽するなり』

ここからは以上の話に対する道元禅師の提唱です。三世というのは過去・現在・未来のことですが、三世諸仏ときいて過去七仏や未来の弥勒仏というような他人のことを考えていたら駄目だ。三世諸仏とは一切諸仏だ。行仏だ。今ここでわれわれがする当たり前の坐禅そのものなのだ。

その十方諸仏、すべての坐禅は「ともに三世にあらざるなし」で、過去現在未来をうちに含んでいる。三世もすべて含んだ、何を取り上げても自己でないものはないという自己を坐るのが坐禅だ。

それに対して普通は、直線的な過去現在未来という時間の流れを考えている。しかし仏道ではそんな延長的な時間の流れは考えない。事実、われわれいま現在生きている——そのそこに過去も映っているのだし、未来も映っているのだ。

過去というのは、過ぎ去って無いから過去という。未来は未だ来たらずだからやはり無い。あるのはただ現在、現在、現在、それもまったく幅をもたない無の一点だ。その無の一点のなかに、過去も未来も映っている。すべての世界が展開している。仏道ではそういうふうに三世を説尽する。

『いま行仏をたづぬるに、すなはち三世諸仏なり。たとひ知有《ちう》なりといへども、たとひ不知有なりといへども、かならず三世諸仏なる行仏なり』

いまわれわれのする坐禅のなかには、三世という時間的なものも、どっちへどう転んでも自己ギリの自己という十方もすべて籠められている。たとえそれを知っても（知有）知らなくても（不知有）、受け入れても拒絶しても、信じても信じなくても、「かならず三世諸仏なる行仏なり」だ。三世十方ぐるみの坐禅に今ここ覚め覚めて人生運転していかねばならない。

ところで私も六十まではよく坐ってきたけれど、その後急に体力がなくなって、この頃はまったく坐れなくなりました。坐ることは坐っても、夜も寝られないくらい足がだるくなる。それなのにこの正法眼蔵の提唱で、坐禅の話を持ち出さなければならないのはちょっと辛い処だ。しかし同時に私は若い頃から予感として、どうせ年をとったら坐禅できなくなるなあと思っていたから、阿弥陀さまも一所懸命、観音さまも一所懸命あたため参じてきているわけです。

それで思うのですが、結局坐禅で大切なのは帰命、生命実物に帰るということだ。みんな誰でも彼でも生命実物を生きているのに、頭の思いだけでもって宙に浮いて実物とは関係ないことを考えている。それで好きになったり嫌いになったり、逃げたり追ったり大騒ぎしている。ところがそういう頭の思いをいま手放しにするというのが坐禅だ。それでどうするのかといえば何もない。ただ生命実物に帰るだけがすべてだ。大切なのはこの帰命、命に帰ることです。

その点、前にもいいましたが坐禅しているときだけが坐禅ではない、一生が坐禅でなければならない。わが人生は一炷の坐禅なのだ。そしたらわれわれ普段のときでも、できるだけアタマ手放しアタマ手放しやるべきだ。帰命、帰命で百千万発すべきだ。

いや、私はしがない凡夫でして――そんなことをいう暇に手放しすればいいのだ。そんなことばかりいっていいて何になる？　ソコなんだ。私は駄目ですという、その代わりに手放す。やれるだけは手放し手放しやる、なんでもかんでも手放せば手放せるという処へ決定する。悟りというのは何か一発ドカンと悟るようなものではない。修行のあげくに何かあるというものではない。まさにアタマ手放し手放しが仏道のすべてだ。アタマ手放し百千万発やる修行が悟りだと悟ることだ。この動きようのない処にはっきり決着することだ。

世の中にはいろんな人がいるものです。私のテレビ番組を見て、「けしからん」と手紙をくれた人がいた。何かと思ったら「あんたはだいたい悟っていない」という。そして「ワシはナニナニ老師、ナニナニ老師に歴参してついに悟った」、最後に「道元禅師でも宋へ行かれて眼横鼻直という悟りを認得したからこそ帰られたのだ」と書いてあった。

それで私は「眼横鼻直を悟ったということは、いまの息はいましなければならないという当たり前のことを悟られたのです。そしたら既成品のようなあなたの作り物の悟りなど、通用しなくなるときが来ることもお考えになった方がいいでしょう」と書いてやった。

結局いまの息はいま息しつつ自分は生きているのだと、ナマのいのちを認得することが「行」だ。それで「修証一如」という。だいたい生きているからこそ息もできるのであって、それをまた「証上の修」という。私の話は分かりやすいね。その後その人はなんともいってきませんが、自分の悟りを取り上げられたと分かったかどうか。

『しかあるに、三位の古仏、おなじく三世諸仏を道得するに、かくのごとくの道《どう》あり。しばらく雪峰のいふ三世諸仏、在火焔裏、転大法輪といふ、この道理ならふべし。三世諸仏の転法輪の道場は、かならず火焔裏なるべし。火焔裏かならず仏道場なるべし。経師論師きくべからず、外道二乗しるべからず』

三位の古仏とは、雪峰・玄沙・圜悟《えんご》のこと。三世諸仏の道場が必ず火焔裏で、火焔裏が必ず仏道場であるというのは、常に手放し手放しでボウボウ燃え上がっているということ。われわれ修行するという限り、事実いまいきいき大いに燃えていなければならない。悟りを求めているというのでは、たとえ坐禅の格好をしていても、サトリという小さな既成概念のなかに首をつっこんでいるだけであって、とても火焔とはいえない。

経師・論師はそういう既成概念や血の通わないコトバばかり扱っているし、外道二乗も本当の仏法に出会っていないから駄目だ。大切なのは自己そのものを究明していくその姿勢だ。

『しるべし、諸仏の火焔は諸類の火焔なるべからず。又、諸類は火焔あるかなきかとも照顧すべし。三世諸仏の在火焔裏の化儀《けぎ》、ならふべし』

諸仏の火焔といったら、有と無、迷と悟、生と死などあらゆる二つのものを焼き払ってしまう火焔です。だからこれは人間世界の諸類の火焔ではない。人間世界の火焔といったら酸素が化合して燃える火とか、たかだか原子核が分裂して燃える火ぐらいだ。いま仏法の火焔はそういう物理的な火そのものも焼いてしまう。すべてを超えている火なのだから、仏法の話は本当に途方もないものだ。

人間世界にそういう仏法みたいな火があるかないかよく考えなくてはいけない。そしてそういうすべての対待《たいだい》を焼き尽くす火の教化の仕方（化儀）をならうべしだ。

『火焔裏に処在するときは、火焔と諸仏と親切なるか、転疎《てんそ》なるか、依正一如《えしょういちにょ》なるか、依報《えほう》正報《しょうほう》あるか、依正同条なるか、依正同隔なるか』

火焔裏にあったら一切二つに分かれる以前なのだから、法と仏と一如だ。だから親しいといえばあまりに親しい。あまりに親しければこそ、火焔というときには仏は隠れてしまう。仏というときには火焔は隠れてしまう。それで転疎（遠いこと）ともいう。

「依」とは私に生命体験されている世界、「正」は生命体験する当人の私。どちらも生命体験という点からいったら依正一如だ。あるいはそれを時間的に見た場合、過去の業によって受ける当人の私（正報）と、私の依り処となる環境世界（依報）があるのか。そしてその依報と正報は同じ一つのものなのか。同隔といって同じでありながら隔っているのか。よく参究しなければならない。

『転大法輪は、転自転機あるべし。展事投機なり、転法法転あるべし』

最近出版された『共に育つこころ』という教育についての本に書いたことですが、普通は先生が生徒に、親が子に、一段高い処から何か教えるものと思っている。ところがよく考えてみると先生といってもただ先に生まれただけなのだし、親だって一代顔を出すのが早かったというだけのことだ。そしたらなあに子供に偉そうなことをいってるけれど、共にこれ凡夫なるのみだ。親の権威とか、先生の威厳とか、先輩のメンツとか、そんな決まった大それたものがあるわけではない。

そこで大切なのは生命実物に目をすえて、お互い本当の大人《おとな》になっていくことです。ところが現状はどこの家庭でも、学校、職場でも、共にこれ小人餓鬼《こどもがき》なるのみだ。だいたい小人が小人を産んでいるのだから大人にまで育てられるはずがない。それで親子喧嘩といっても餓鬼同士の愚図り合いでしかないもの。

だから狙うべきはみんな本当の大人になる、本当の生命実物を発現するということでなければならない。そういう気持で自分も育ち、教育もして、共に育っていかなければなりません。

その点、昔のヨーロッパでは神さまを信じていたから、親も神さまの前では罪人、子供も罪人、そこで共にいかに神さまに導かれ育っていくかという、絶対的な神へのつながりが根本にある教育だった。ところがいまは神さまがいなくなってしまって、そうすると親が子を育てるつもりになっているから問題だ。

その辺は仏道修行も同じだ。弟子と師匠といっても共にこれ凡夫なるのみ。そこにおいてしかし、生命実物という仏法を最高価値として狙っているからこそ、弟子・師匠という関係がある。

だからまず求道心がなければならない。弟子も求道心をもち師匠も求道心をもち、その求道心が自も転じ機も転ずる。そこにおいて共に育っていく。そしてそのたった一つの求道心という仏道修行のなかに、事を展べ《の》機に投じるという賓主《ひんじゅ》が自ずからある。生命実物地盤で師匠は弟子を引っ張っていかなければならないのだから、師匠は師匠、弟子は弟子という在り方がある。そこにおいて法を転ずる運転もあるし、法に転ぜられる運転もある。

『すでに転法輪といふ、たとひ尽大地これ尽火焔なりとも、転火輪の法輪あるべし、転諸仏の法輪あるべし、転法論の法論あるべし、転三世の法輪あるべし』

すでに法輪を転ずるという限り、何ものも転ぜられないものはない。固定概念で済むようなものは一つもないのだから、手放し手放しの火焔は尽大地を焼き尽くしてしまう。そしたら火輪それさえも転ずる法輪があるだろうし、諸仏を転ずる法輪もあるだろうし、法輪を転ずる法輪もあるだろうし、三世を転ずる法輪もあるべきだ。

『しかあればすなはち、火焔は諸仏の転大法輪の大道場なり。これを界量、時量、人量《にんりょう》、凡《ぼん》聖《しょう》量等をもて測量《しきりょう》するは、あたらざるなり。これらの量に量せられざれば、すなはち三世諸仏、在火焔裏、転大法輪なり。すでに三世諸仏といふ、これ量を超越《ちょうおつ》せるなり。三世諸仏、転法輪の道場なるがゆゑに、火焔あるなり。火焔あるがゆゑに、諸仏の道場あるなり』

いまいう般若の火焔は転大法輪の大道場だ。みんな手放し手放しの大道場なのだから、これに界量・時量・人量・凡聖量などというモノサシを当てようとしても測れない。そういうモノサシで測られなければこそ「三世諸仏、在火焔裏、転大法輪」、つまり「天地一杯のいのち、ただ坐る坐禅、いのちの実物の覚め覚める」だ。

三世諸仏の坐禅人はもうあらゆる量を超越している。三世諸仏の坐禅そのものが転法輪の道場なるがゆえに、手放し手放しの火焔が燃えている。またその火焔があるからこそ諸仏の道場だ。

仏さんは説法するばかりと思っている
ところが仏が法を聴き、仏が修行し、仏が成仏するのだ

『玄沙いはく、火焔の三世諸仏のために説法するに、三世諸仏は立地聴法《りっちちょうぼう》す。この道《どう》をききて、玄沙の道は雪峰の道よりも道得是なりといふ、かならずしもしかあらざるなり。しるべし、雪峰の道は玄沙の道と別なり』

次に玄沙のコトバを取り上げているわけですが、世の中には雪峰より玄沙の方が言い得ていると思っている人が多いから、あえて道元禅師はこう書かれているのです。それで以下の処で、特に説聴ということとの仏法的意味を提唱される。

というのは説聴をうっかり聞くと、私が説く、皆さんが聴くという、自他かけ離れたものかと思ってしまう。ところがそういう他とのカネアイの説聴では仏法の話にならない。かえって生命実物地盤からいえば、どこまでも自己ギリの自己だ。その自己ギリの自己の中身として、いましばらく説聴自他の二つに開いてみせただけだ。

例えば私の処へいろんな人が来て自分の悩みとかをうちあける。それで私がこうしたらいいといったとしても、その人の何から何まで知ってアドバイスできるわけではなし、私がいったからとい

って、その人が本当に聞くかどうかも分からない。だから私は私を生きるよりほか仕方がないし、あなたはあなたを生きるよりほか仕方がない。しかしながら同時にいまその悩みを私が聞いた限り、あなたは私の網膜のなかに映った私だ。聞いた話は私のなかへ入ってきた私の問題だ。そうすると私は自己ギリの自己としてあなたの問題を私の問題として、ではそれはどうしたらいいかと考え答える。

この宗仙寺の提唱もそうです。みんながワッと喜ぶような話をして受けようというような、他とのカネアイで話しているのではない。ただ私のなかに住まう一切衆生に、いかに分かりやすく嚙み砕いて正法眼蔵の話を私のために説こうかということだ。だから私が私に語るモノローグであって、そこに自己ギリの自己が自己ギリの自己として深まっていくだけだ。

雪峰も玄沙も自己ギリの自己の話をしているのです。自分が自分を自分する坐禅の話をしている。それをいうのに雪峰は転大法輪といった。玄沙は説聴というコトバを使った。要するに自己ギリの自己のなかに、説くもの、聴くものという二つを開いてみせたのが玄沙だ。それで道元禅師は雪峰にはどこまでも転大法輪をもたせ、玄沙には説聴という二つに分けた話にもたせて以下展開されている。

『いはゆる雪峰は、三世諸仏の転大法輪の処在を道取し、玄沙は、三世諸仏の聴法を道取するなり。雪峰の道、まさしく転法を道取すれども、転法の処在、かならずしも聴法不聴法を論ずるにあらず。しかあれば、転法にかならず聴法あるべしときこえず。又、三世諸仏、為火焰説法といはず、三世諸仏、為三世諸仏、転大法輪といはず、火焰為火焰、転大法輪といはざる宗旨あるべし』

「転大法輪の処在」とは、天地一杯自己ギリの自己。その自己ギリの自己の生命運転の在り方を雪峰はいっている。対して玄沙は説法聴法という出入りの在り方をいっている。

雪峰の道はまさしく法の運転、つまり出入りのない生命実物を運転することを道取しているが、そこにおいて法を聞く、法を聞かないという能所を論じていない。だから法の運転をしている処に、必ずしも説法聴法の出入り、能所があるとはっきりしていない。

それに三世諸仏が火焰のために説法するといっていない。三世諸仏が三世諸仏のために大法輪を転ずといっていない。火焰が火焰のために大法輪を転ずといっていない。

しかしこれらのことを雪峰ははっきりいってはいないけれど、そのコトバの裏にこれらの道理をきちんとわきまえていっているということです。

『転法輪といひ、転大法輪といふ、その別あるか。転法輪は説法にあらず、説法かならずしも為他あらんや。しかあれば、雪峰の道の、道取すべき道を道取しつくさざる道にあらず。雪峰の在火焔裏《ざいかえんり》、転大法輪、かならず委悉《いしつ》に参学すべし。玄沙の道に混乱することなかれ』

「転法輪」というコトバは大体お釈迦さまが四諦十二因縁などを説かれて、あたかも戦車が一切を蹴ちらかすように一切のこの世の邪悪を打ち砕かれるのに用いた。それに対して「転大法輪」というと、大小有無の比較を絶した「大」を転ずるのだから、有と思い固めているものを無に転じ、無と思い固めているものを有に転ずること。こういうと簡単に聞こえるけれど一切有るものを無というふうに引っくり返し、そしてまったく無いというのを有に引っくり返してしまうのだから、これは途方もない話なのです。そういう有と無を超えている話をするのが転大法輪だから、転法輪と違うといえば違う。

しかしながら大切なのは仏法のコトバとして読むことだ。そしたら「転法輪は説法にあらず」――お釈迦さまが衆生に向かって口で法を説くのが転法輪ではない。本当の説法は「かならずしも為他あらんや」、他のために説くということがあるべきはずではない。

説くといえば何もかも説いている。天井も壁も柱もすべて説法している。早い話がいまの世間でもカネだってモノをいうし、肩書だってモノをいう。すべて何だって説いていないものはない。しかもいま仏法という観点からいったら他とのカネアイの説法ではないのだから、為他という相手、能所はない。

だから雪峰の「三世諸仏、在火焔裏、転大法輪」というコトバにおいてすべて言い尽くされている。よく雪峰の自己ギリの自己の大火焔に参学しなければならない。

『雪峰の道を通ずるは、仏威儀を威儀するなり。火焔の三世諸仏を在裏せしむる、一無尽法界二無尽法界の周遍のみにあらず、一微塵二微塵の通達のみにあらず。転大法輪を量として、大小広狭の量に擬することなかれ。転大法輪は、為自為他にあらず、為説為聴にあらず』

雪峰の道というのは、生命実物に覚め覚めてただ自己ギリの自己の人生運転をしていくことだ。だいたい火焔の裏側は三世諸仏なのだ。手放し手放しというけれど、その裏側は坐禅人だ。その火焔道場の量といったら、広いといえば無限に広いのだし、細かいといえば無限に微細ですべてに通じている。

何から何まで転大法輪なのだから、そんな簡単な大小広狭というモノサシで測ってはならない。転大法輪は自他とか説法聴法の対待を超えた処、まったくそんなカネアイの話ではないのだ。

『玄沙の道に、火焔為三世諸仏説法、三世諸仏立地聴といふ。これは火焔たとひ為三世諸仏説法すとも、いまだ転法輪すといはず、又三世諸仏の法輪を転ずといはず。三世諸仏は立地聴すとも、三世諸仏の法輪、いかでか火焔これを転ずることあらん』

火焔は三世諸仏のために説法し、三世諸仏は立地聴している。またその三世諸仏は火焔裏にあって転大法輪しているのだから、三段論法的にいって、火焔が三世諸仏の法輪も転ずるといっていいようなものだけれど、そういう三段論法は今ここでは通用しない。いま雪峰は雪峰ぎり、玄沙は玄沙ぎり、この二つを並べたり、比較したり接続したりしてはならない。

『為三世諸仏説法する火焔、又転大法輪すやいなや。玄沙もいまだいはず、転法輪はこのときなりと。転法輪なしといはず。しかあれども、想料すらくは、玄沙おろかに転法輪は説法輪ならんと会取《えしゅ》せるか。もししかあらば、なほ雪峰の道にくらし』

転大法輪は転大法輪、説法は説法。とにかくいまは雪峰には転大法輪、玄沙には説法をもたせて、玄沙は「転法輪はこのときなり」とも「転法輪なし」ともいわない。「しかあれども」というのは、転法輪と説法とを一つにこねてみる人がいるから、玄沙にかこつけてそんなものではないと以下の文で否定している。

『火焔の三世諸仏のために説法のとき、三世諸仏立地聴法すとはしれりといへども、火焔転法輪のところに、火焔立地聴法すとしらず。火焔転法輪のところに、火焔同転法輪すといはず』

三世諸仏立地聴法すというとき、三世諸仏は三世諸仏ぎりの立地聴法だ。他とのカネアイで聞いているのではない。たとえそれが分かっていても、火焔は火焔ぎりの立地聴法があることを知らない。火焔ぎりの火焔の処に、説聴が同時に深まっていくことをいっていない。

『三世諸仏の聴法は、諸仏の法なり、他よりかうぶらしむるにあらず。火焔を法と認ずることなかれ、火焔を仏と認ずることなかれ、火焔を火焔と認ずることなかれ。まことに師資の道なほざりなるべからず。将謂《しょうい》赤鬚胡《しゃくしゅこ》のみならんや、さらにこれ胡鬚赤《こしゅしゃく》なり』

諸仏ぎりの諸仏なのだ。三世諸仏は手前の法を手前が聴いているだけで決して他とのカネアイではない。「他よりかうぶらしむるにあらず」だ。この場合、三世諸仏が法を聴いているといっても、何かそこに火焔というコロッとした余所者を入れてはならない。火焔といったら火焔ぎりで、法でもなし、仏でもなし、火焔でもなし、コロッと固定したものは何もない。

結局雪峰は雪峰ぎりの自己ギリの自己、玄沙は玄沙ぎりの自己ギリの自己だ。「師資の道なほざりなるべからず」、師匠も自己ギリの自己、弟子も自己ギリの自己、そこに初めて即通がある。師から資へ仏法が伝わるというのは、何か巻物を重々しく渡すというようなものではない。あたかも春になるとそれぞれ本来の生命力が働いて、スミレはスミレの花が咲き、バラはバラの花が咲くように――これが証契即通《しょうかいそくつう》（弟子の悟りが師の悟りに相《あい》かない通じ合うこと）だ。何も特別なモノをやったり取ったりするのではない。

ここにおいて将《まさ》に謂《おも》えり、「赤鬚胡」とは赤ヒゲの胡人のことだし、胡人のヒゲは赤かったというのが「胡鬚赤」、どちらも同じことだと。いま雪峰と玄沙とまったく同じことをいっているわけだ。

『玄沙の道かくのごとくなりといへども、参学の力量とすべきところあり。いはゆる経師論師の大乗小乗の局量の性相《しょうそう》にかかはれず、仏仏祖祖正伝せる性相を参学すべし。いはゆる三世諸仏の聴法なり』

玄沙のいったコトバは以上だけれど、ここでよく参究しなければならない処がある。「いはゆる三世諸仏の聴法」だ。これはすばらしいコトバだ。普通三世諸仏というと、出来上がった仏さんを考える。あんまり出来上がりすぎて、びくともしない木仏、金仏になってしまった。そんなのを有難がっている善男善女には、仏さんが法を聴くなどということは思いもよらないことだ。

これは経師論師のいわゆる教学の話ではない。実際に修行している生きた人間の話だ。

『これ大小乗の性相にあらざるところなり。諸仏は機縁に逗《とう》ずる説法ありとのみしりて、諸仏聴法すといはず、諸仏修行すといはず、諸仏成仏すといはず。いま玄沙の道には、すでに三世諸仏立地聴法といふ、諸仏聴法する性相あり。かならずしも能説をすぐれたりとし、能聴是法者を劣なりといふことなかれ。説者尊なれば、聴者も尊なり』

みんな諸仏というのは「機縁に逗ずる」、つまり相手に従った説法とばかり思っている。それで仏さんが法を聴くなんてちょっと考えられない。仏さんになったらもう修行もしなくていいと思っている。改めて成仏するなんてないと信じている。ところがそんな既成品的仏さんは通用しなくなるときがあるのだ。いまの息はいましなければならない。いまの修行はいましなければならない。時々刻々に生きているのだ。だから「俺は悟った諸仏だぞよ」なんて言い草はハッタリでしかない。いま刻々に手放し手放しする処に諸仏現成していくのだ。

「諸仏聴法する性相」という在り方がある。説く方（能説）は優れていて、聴く方（能聴）は劣っていると考えてはならない。生命実物という限り、説者も尊だし聴者も尊だ。その証拠に道元禅師は法華経のコトバを次に持ち出されるわけだ。

『釈迦牟尼仏のいはく、若《もシ》説《ケバ》二此経《ヲ》一、則《チ》為《ス》レ見《ルト》レ我《ヲ》、為《ニ》二一人《ノ》一説《ク》、是《レ》則《チ》為《ス》レ難《シト》。しかあれば、能説法は見釈迦牟尼仏なり、則為見我《そくいけんが》は釈迦牟尼仏なるがゆゑに。又いはく、於《テ》二我《ガ》滅後《ニ》一、聴二受《シ》此経《ヲ》一、問《フハ》二其《ノ》義趣《ヲ》一、是《レ》則《チ》為《ス》レ難《シト》。しるべし、聴受者もおなじくこれ為難《いなん》なり、勝劣あるにあらず。立地聴これ最尊なる諸仏なりといふとも、立地聴法あるべきなり、立地聴法これ三世諸仏なるがゆゑに』

法華経を説くということはもう仏さんを見ることだ。この経を説くことを「難しと為す」、またこの経を聴くことを「難しと為す」。その点からいったら同じなのだということです。

　要するに仏さんというのは最も尊い人だけれど、どこまでも立地聴法あるべきだ。立地聴法するそのことが三世諸仏そのものだ。坐禅というのは立地聴法している仏の姿だ。

> 『諸仏は果上なり、因中の聴法をいふにあらず、すでに三世諸仏とあるがゆゑに。しるべし、三世諸仏は火焔の説法を立地聴して諸仏なり。一道の化儀《けぎ》、たどるべきにあらず。たどらんとするに、箭鋒相拄《せんぽうそうしゅ》せり』

　坐禅を種にして何か悟りを開くというのではない。坐禅したら因中の人ではない、果上の人だ。坐禅そのものが悟りだ。その限り「火焔の説法を立地聴して」初めて諸仏なのだ。証上の修があって初めて諸仏といえる。われわれどうせ生命実物を誰でも彼でも生きているのだ。だからその生命実物を本当にいま息する、いま帰命する、いまアタマ手放しする、それだけが大切だ。

　「一道の化儀」とは、一切二つに分かれる以前の化益の威儀のこと。つまり、ただ生命実物が生命実物するのみだ。それを疑い迷ってはいけない。

　たとえ疑い迷っても「箭鋒相拄せり」――これは昔、飛衛という弓の名人にその奥義のすべてを学んだ紀昌が、師を邪魔に思い殺そうとした。ところが両人向かい合って同時に弓を射たところ、その矢の鋒先が途中でぶつかり合って落ちてしまったという故事による。つまり、どう疑ってみたところで生命実物のみ、火焔と諸仏は一体だということ。

『火焔は決定《けつじょう》して三世諸仏のために説法す。赤心片片として鉄樹華開世界香なるなり。且道《しゃどう》すらくは、火焔の説法を立地聴しもてゆくに、畢竟《ひっきょう》じて現成箇什麼《こじゅうも》。いはゆるは智勝于師なるべし、智等于師なるべし。さらに師資の閫奥《こんおう》に参究して、三世諸仏なるなり』

アタマ手放しという火焔が三世諸仏のために説法するとき、赤心片片でどれもこれも生命の真実ならざるはない。そこに展開される大活動が「鉄樹、華開いて世界香《かん》ばし」だ。とにかく一切の思慮分別を手放し手放しやっている処に華開くのだ。

「且道《しゃどう》すらく」とは、しばらくいうことがあるの意。それは火焔の説法を立地聴するに、この什《な》麼《に》をか現成す――結局共に深まっていくというだけだ。決して師匠が偉くて弟子がつまらないというわけではない。師匠弟子共にこれ凡夫には違いないけれど、そこに同じく求道心を発し共に求道し深まっていく処に、智は師に勝れ、智は師に等しいということがある。

閫奥とは堂奥のこと、さらに深く参究して本当の坐禅になるのだということ。

『圜悟いはくの猴白《こうはく》と将謂《しょうい》する、さらに猴黒をさへざる互換の投機、それ神出鬼没なり。これは玄沙と同条出すれども、玄沙に同条入せざる一路もあるべしといへども、火焔の諸仏なるか、諸仏を火焰とせるか』

「さへざる」とはそえざるの意で、猴白に猴黒をそえて優劣の比較をしないということ。雪峰と玄沙と同条に出生して法の働く方もあり、また同条入せず不同にして働く方もあり、みなそのように同中に異がある。同じ生命力をもって育つ処に、しかしスミレはスミレの花が咲き、バラはバラの花が咲く。

「火焰の諸仏なるか」で火焰は諸仏の道場であると同時に、諸仏は火焰にほかならない。その点からいえば異中の同だ。

『黒白互換《こくびゃくごかん》のこころ、玄沙の神鬼に出没すといへども、雪峰の声色《しょうしき》、いまだ黒白の際にのこらず。しかもかくのごとくなりといへども、玄沙に道是《どうぜ》あり、道不是《どうふぜ》あり。雪峰に道拈《どうねん》あり、道放あることをしるべし』

すばやく黒白を入れ換えた玄沙のこころを、うまく入れ換えたものだと誉めていう。そして雪峰の境涯がここにまったく跡形がないという意味で誉めている。しかし玄沙にもいい得た処があり、いい得ない処があり、また雪峰にもいい得た処があり、いい得ない処があることを知るべしだ。

『いま圜悟《えんご》さらに玄沙に同ぜず、雪峰に同ぜざる道あり。いはゆる烈焰亘天《れつえんごうてん》はほとけ法をとくなり、亙天烈焔は法ほとけをとくなり。この道は、真箇これ晩進の光明なり。たとひ烈焔にくらしといふとも、亙天におほはれば、われその分あり、他《かれ》この分あり』

そして圜悟はさらに玄沙にも雪峰にも同じでないすばらしい処があるぞと取り上げて——これが道元禅師のおっしゃりたい処だ。普通は仏さんが法を説くとだけ思っている。ところが「亙天烈焔は法ほとけをとく」、このコトバはわれわれ本当に勇気づけられる光明だ。

要するに私たち手放し手放ししようと思っても、いつの間にか頭がソッポを向いて何か考えごとを始めている。まったく手放しの烈焔にくらい。しかしながら「亙天におほはれ」ているのだ。みな生命実物を生きている、十方仏土中ということは間違いないのだ。「われその分あり、他この分あり」、誰も彼も生命実物を生きているというその分があるわけです。

『亙天のおほふところ、すでにこれ烈焔なり。這箇《しゃこ》をきらふて用那頭《ようなとう》は作麼生《そもさん》なるのみなり。よろこぶべし、この皮袋子《ひたいす》、うまれたるところは去《こ》聖方遠《しょうほうおん》なり、いけるいまは去聖時遠なりといへども、亙天の化導なほきこゆるにあへり』

天一杯におおわれて烈焔だ。これ（這箇）を嫌ってあれ（那頭）を用いるといっても、それぐるみ烈焔だ。この煩悩をなんとかしたいと思いますといっても、どうしてもなんともなりませんと嘆いても、それぐるみが生命実物を生きている。亙天烈焔なるのみ、それが作麼生だ。取るの嫌うのということはできない。

皮袋子とは皮ぶくろのこと。だいたい人間の成分の八十パーセントくらいは水だというから、われわれはこの顔形といういわば表面張力の皮ぶくろのなかで生きているわけだ。


『いはゆるほとけ法をとくことは、きくところなりといへども、法ほとけをとくことは、いくかさなりの不知をかわづらひこし。しかあればすなはち、三世の諸仏は三世に法にとかれ、三世の諸法は三世に仏にとかるるなり。葛藤窠《かっとうか》の風前に剪断《せんだん》する亙天のみあり。一言は、かくることなく勘破しきたる、維摩詰をも非維摩詰をも』


仏が法を説くという話は耳にタコができるほど聞いている。しかし法が仏を説くということは、いままでに聞いたことがない。それをいままで知らないでなんと迷いに迷ってきたことか。

つまりわれわれどっちへどう転んでも御いのち、十方仏土中のなかだ。だからこの生命実物の法に引かれるままに、そこへ帰るよりほか仕方がない。どういっても生命実物を生きている限り、その生命実物にただ深まり、澄浄していくだけだ。これが帰命だ。みんな自分の頭の方を大切にしているから宙に浮いてしまう。それをとにかく思いは頭の分泌物と、アタマ手放し帰命する。

そのとき維摩の黙も、非維摩の語という葛藤も、二つに分かれる以前（風前）に剪断して十方仏土中のみだ。

『しかあればすなはち、法説仏なり、法行仏なり、法証仏なり、仏説法なり、仏行仏なり、仏《ぶつ》作《さ》仏《ぶつ》なり。かくのごとくなる、ともに行仏の威儀なり。亙天亙地、亙古亙今にも、得者不軽《とくしゃふきょう》微《び》、明者不賤用《みょうしゃふせんゆう》なり』

本来生命実物の在り方として、法説仏であり、法行仏であり、法証仏であり、仏説法であり、仏行仏であり、仏作仏なのだ。ただこの生命実物に深まっていくだけが行仏威儀だ。そうしてみるとここではっきりしてきたのは、行仏威儀とは結局、天地一杯ぐるみの生命を生きているから、天地一杯ぐるみの生命に深まっていくということだ。

それは「亙天亙地」尽有尽界であり、それは「亙古亙今」尽時尽法だ。いま事実アタマ手放しアタマ手放しの得者明者は、何も軽いの重いの、あるいは安いの高いのという話をしているのではない。アタマ手放しを簡単に思っていたら大間違いだ。「得者不軽微、明者不賤用」——「得るもの軽微ならず、明らむる者賤用ならず」で、これはもう絶対に持ち上がらない重さをもっている。これはもうまったく値段の付けようがない処にある。

あとがき

この『行仏威儀を味わう』の話は、その他の「正法眼蔵を味わう」シリーズと同じく、京都五条宗仙寺で毎月一回、「正法眼蔵味読会」で話したものを、弟子の櫛谷宗則が原稿にしてくれたものです。

私は昭和五十八年秋、大喀血して以来、健康状態をはなはだ低下させてしまって、この巻の第一回の話は昭和五十九年十一月に始めたのでしたが、以後やったりやらなかったりで、結局第七回で読み終わったのは六十年十一月でした。さらにこの話を本として刊行することも遅れに遅れて、講了からすでに丸三年半、足掛けでは五年目となってしまっています。その間、昭和五十三年から始めた「正法眼蔵味読会」も私の病気のため遂に昨六十三年一月をもって幕を閉じざるを得なくなり、ついでに年号までも変わっていまや平成となりました。

けれどじつはこの本の原稿はすでにずっと前に、櫛谷宗則がまとめてくれており、ただ私の手元に長々そのままにしていただけでした。ようやくしばらくぶりにこれを読み始めたわけですが、このように長々放置し、時間を経過させてみてみることも、それと自分の関係をよく知ることができて悪くはなかったと思いました。というのはこの巻の拝読が、いかにその時だけではなく、それ以後の私自身のなかに深く滲み通ってきているかを、まざまざと知ることができたからです。それがなんであるか――一々コトバとしてはとても表現することはできませんが、とにかく私自身それを感ずる次第です。

いや、いま宗仙寺での味読会も幕を閉じて、それを思うとき、この十一年間、正法眼蔵を読ませていただいたことも、じつは誰でもなく「私自身の正法眼蔵拝読会」であったのだと、今更ながらよく分かりました。これもやめてから一年以上間をおき振り返ってみればこそのことです。

それでこの会は、味読会と名づけるべきではなく、むしろ「拝読会」とすべきであったと思う次第ですが、とにかくこの会を打ち切ったのを機会に、この会を開いて下さった宗仙寺方丈細川祐葆師に改めて深く感謝すると同時に、この間お付き合いいただいた聴講の皆様方に厚く御礼申し上げずにはいられません。有難うございました。

なおもう一つこれを機会に、これらの話を次々に原稿にまとめてくれてきている石黒文一氏と弟子の櫛谷宗則、及びこれを「正法眼蔵味読シリーズ」として刊行してくれている柏樹社社長中山信作氏にも改めて深く謝意を表します。そしてさらにまた、この「シリーズ」の本を通してこれからお出会いし、この「私の正法眼蔵拝読」にお付き合い下さるであろう読者の皆様方にも、どうぞ私と共にどこまでも一鍬でもより深くテキストの正法眼蔵を拝読、参究なされていただくことを祈ってやまぬ次第です。

まことに正法眼蔵こそはどの巻も、自己と関わりなくまるで博物館の陳列ケースを覗き見でもするような調子に、単なる文献として処理してしまっていい文字は一つもありません。それはどこまでも「経巻おのれづから自経巻なり」(正法眼蔵　自証三昧)――一々のコトバに自己を投げこみつつ、自己の修行、自己の生き方として、古教照心、拝読してゆくべき書籍であることは間違いありません。

殊にこの『行仏威儀』巻はこのような観点で拝読するとき、本当にわれわれに親しい巻なので、この本の私の話も、そのような皆さんご自身の拝読に少しでもお役に立つことができればとだけ思う次第です。

平成元年陽春

内山　興正

後記

本書は内山興正老師晩年の正法眼蔵・行仏威儀巻のご提唱です。この巻は道元禅師がまだ永平寺へ移られる前、京都・深草の観音導利興聖宝林寺《かんのんどうりこうしょうほうりんじ》で記されたもので、示衆《じしゅ》の日付けはありません。後にこの巻からいくつもの眼蔵の巻が生まれたように、全体を孕《はら》みつつ、この巻自身が深い威儀の整ったものになっています。

「あとがき」にもありますように、この頃老師は体調が万全とはいえず、丸一年かかって話された後なお丸三年半の時をおき、「正法眼蔵味読会」をおやめになってから改めて全体を眺めて、推敲し手を入れられたものです。

ご生前「この行仏威儀の巻によって、私は眼蔵に一段深く目を開かせてもらった」とおっしゃっておられました。本書は老師の眼蔵拝読の一つの到達点といっていいと思います。常に新たな世界を切り拓こうとなさっている息吹きを感じます。

※

禅僧は豪放磊落《ごうほうらいらく》であるというような世間的イメージからすると、老師はおよそ威儀などという重々しいコトバのまったく似合わない方でした。「何しろ女性にモテてね」とおっしゃり、落語が大好きだった老師は、既成の型にはまらない自由な伸びやかさがありました。宗門・宗派にとらわれず、ただ自己の人生の真実を追求するという少年のような純粋さがありました。安泰寺《あんたいじ》住職、あるいは禅の老師とか悟りという権威を振りかざすこともなく、いつも着流しでスッと誰にでも接しておられました。その一切が蔵《かく》されていない裏表のない生活が、そのまま老師らしい威儀だったと思います。

折り紙を一所懸命折っておられるお姿を美しいと思ったことがあります。喀血されたときはジタバタせず、よく眠っておられました。散歩の途中に立ち止まって空を見上げているそのたたずまい、夕日に一番星に手を合わせておられるそのままに、すべては授かりであるという天地の威儀が現われていました。

※

老師は正法眼蔵という古典の解釈や説明をなさりたくて提唱されたり、本にしているわけではありません。ただ自己の人生の真実をそこから読み取り、そこから照らされ、あらゆる人と共にある自己いのちを深めようとなさっています。

眼蔵はどの巻もどのコトバも、われわれの生きる真実の表現だからです。読む人の生き方を正す、生きるコトバだからです。仏といっても、何か人間を超えた偉い存在というのではなく、この当たり前のわれわれのほかにはありません。仏道修行をして自己の真実を実現している人のことです。われわれが修行する処には、その本来の自己の威儀が必ず備わっているということが行仏威儀なのです。

つまり天地一杯のいのちの力を自らの力として生きていること、自ら生きるなかに天地一杯のいのちに深まっていくことです。そこに自ずから威儀があります。

「人生は一炷《いっちゅう》の坐禅である」というコトバは比喩でもなんでもなく、人生の真実そのものを言い当てたおコトバのように思います。ということは、われわれの日常すべてが坐禅の威儀につかまえられているということです。その威儀が生活全体にみなぎった様子を「ひとりで坐って生活していると、全部が荘厳な儀式、曼荼羅《まんだら》の世界だ。日常の小さなことが曼荼羅、最高のいのちの現われになる」とおっしゃっておられました。放屁声《ほうひせい》も放屎香《ほうしこう》も儀式の飾りとなり、貧乏も苦しみ悲しみも厳粛な光を放つでしょう。

※

その要《かなめ》となる仏道修行とは何か？　いつも俺、俺という思いばかりで生きているこの私が、一体どう生きたらいいのか？

それが本文中で「まさにアタマ手放し手放しが仏道のすべてだ。アタマ手放し百千万発やる修行が悟りだと悟ることだ」といわれている通りです。

同じことを沢木老師は「修行とはメイメイモチを、よくもみほぐすことである。憎んでもいかぬ。好んでもいかぬ。メイメイモチの憎愛を、よくもみほぐしてバラでゆく、これが身に付いてくるのを修行底《てい》の人という」とおっしゃっておられます。

しかしわれわれそういわれ、なるほどと納得してはみても、実際の生活のなかではなかなかそう簡単に手放しできず、自分にはできやしないと思ってしまうのではないでしょうか。

その時、道元禅師のこのコトバが、本当に光のように差し込んでくることを感じます。

「亙天《ごうてん》のおほふところ、すでにこれ烈焔《れつえん》なり」と。

天地いのち（亙天）としてすでに手放されたいのち（烈焔）を私は生きているのです。日が昇り、風吹き、花咲き、呼吸が刻々なされている——私のいま生きるどこもかしこも、すでに坐禅の威儀としてあります。放捨された諸縁、休息としてある万事であることは間違いありません。できるとかできないとかいう私の思いなど、一切通じない不染汚《ふぜんな》の在り方として護持されています。その絶対に逃れられない恵みの真っ只中に生きています。

われわれの悩み苦しみはみな、俺、俺というアタマのなかのことです。それが通用しないことは本当に恵みではないでしょうか。だから安心して諸縁を放捨し、万事を休息する姿勢に立ち返り、立ち戻り、その法に従った生活をつとめなさいと禅師はいわれます。私に備わった法の在り方それ自身が働き出して、私を行仏せしめていくことです。法が仏を説いているでしょう。また私が事実坐るなかに、法の在り方を実現しているでしょう。

※

しかしなお、つとめようとすればするほど、なかなかそうは生きられません。手放しても手放しても、手放し切れない、手放せない自分のどうしようもない姿が露《あら》わになるのではないでしょうか。いつも自分のことしか考えていない、この悲しみをもって、私は今日もただ坐らざるを得ないのです。坐らざるを得ないとは、坐らしめられているということです。「人生は一炷の坐禅である」がゆえにそのいのちに抱《いだ》かれるまま、それは私の姿勢となって光のように降臨してきます。

だからうまく手放しできるようになって合格とか、天地いのちが分からないから不合格ということではありません。「覚をまたざるなり」――私の手前にはもういかんともし難い凡《ぼん》夫《ぷ》のまま、その私の力では届かない、手放せない、それでもう済んでいます。その先に何か得るべき覚があるのではない、自力無効です。その私の弱さのなかにこそ坐禅が全うされるのです。坐禅はただ自力無効の姿勢です。任せる以外にない任々の道理の参究です。そこに私の及ばない、仏威儀が仏によって行じられているでしょう。

この巻の最後は雲居《うんご》道膺《どうよう》高祖のコトバで結ばれています。天地いのちの力を自らの力として生きている者は、決して軽微な者ではありません。自己の存在価値を自己自身のうちに見出している人です。その真実を明らめている者は、小さな自分の欲のために振り回されているような賤しいいのちの用い方はしません。すべてを自己いのちの深さといただいて、このかけがえのないいま、いまの永遠の威儀を修行によって充足させていくでしょう。

今回も大法輪閣編集部の小山弘利さんには大変お世話になりました。有難うございました。

平成二十八年十二月冬至の日

櫛谷　宗則

内山　興正（うちやま・こうしょう）

明治45年、東京に生まれる。早稲田大学西洋哲学科を卒業、さらに2年間同大学院に在籍後、宮崎公教神学校教師となる。昭和16年、澤木興道老師について出家得度。以来坐禅修行一筋に生き、昭和40年、澤木老師遷化の後は、安泰寺堂頭として10年間弟子の育成と坐禅の普及に努める。平成10年3月13日、示寂。現在、弟子・孫弟子たちによって、その禅風は世界に広がっている。

著作は数多く、英独仏伊語などにも訳されている。主著に『正法眼蔵―坐禅箴を味わう』『生存と生命』『御いのち抄』（以上、柏樹社）『ともに育つこころ』（小学館）『禅からのアドバイス』『いのち樂しむ―内山興正老師遺稿集』『坐禅の意味と実際―生命の実物を生きる』『自己―ある禅僧の心の遍歴』『普勧坐禅儀を読む―宗教としての道元禅』『宿なし興道法句参―澤木興道老師の言葉を味わう』『正法眼蔵―八大人覚を味わう』『正法眼蔵―現成公案・摩訶般若波羅蜜を味わう』『正法眼蔵―生死を味わう』『正法眼蔵―仏性を味わう』『観音経・十句観音経を味わう』『いのちの働き―知事清規を味わう』『内山興正老師いのちの問答』（以上、大法輪閣）etc。

正法眼蔵《しょうぼうげんぞう》 行仏威儀《ぎょうぶついいぎ》を味わう

平成29年2月10日　初版第一刷発行 ©

著　者　内　山　興　正
編　者　櫛　谷　宗　則
発行人　石　原　大　道
印刷所　亜細亜印刷株式会社
製本所　東　京　美　術　紙　工
発行所　有限会社　大　法　輪　閣
東京都渋谷区東2-5-36　大泉ビル2F
TEL　(03) 5466-1401(代表)
振替　00130-8-19番
http://www.daihorin-kaku.com

ISBN978-4-8046-1393-2　C0015　Printed in Japan